# SEE IT
# and SAY IT
# in ITALIAN

is one of the SIGNET language series books especially designed to meet the needs of the beginner. It is a simple and straightforward conversation course that makes learning Italian fun.

Also available is Signet's SEE IT AND SAY IT IN SPANISH, SEE IT AND SAY IT IN FRENCH and SEE IT AND SAY IT IN GERMAN.

# *SEE IT and SAY IT in ITALIAN*

by

**Margarita Madrigal**

and

**Giuseppina Salvadori**

A SIGNET BOOK

SIGNET
Published by New American Library, a division of
Penguin Putnam Inc., 375 Hudson Street,
New York, New York 10014, U.S.A.
Penguin Books Ltd, 27 Wrights Lane,
London W8 5TZ, England
Penguin Books Australia Ltd, Ringwood,
Victoria, Australia
Penguin Books Canada Ltd, 10 Alcorn Avenue,
Toronto, Ontario, Canada M4V 3B2
Penguin Books (N.Z.) Ltd, 182–190 Wairau Road,
Auckland 10, New Zealand

Penguin Books Ltd, Registered Offices:
Harmondsworth, Middlesex, England

Published by Signet, an imprint of New American Library,
a division of Penguin Putnam Inc.
By arrangement with Regents Publishing Co., Inc.

First Signet Printing
35  34  33  32  31   30  29  28  27  26

Copyright © 1961 by Margarita Madrigal
and Giuseppina Salvadori

 REGISTERED TRADEMARK—MARCA REGISTRADA

Printed in the United States of America

# PREFACE

It is so easy for an English-speaking person to learn Italian. Through Latin, both languages stem from a common root and share "a lingual ancestry." Indeed, there are so many similarities between the two languages that some people describe them as "language cousins." Thousands of words in Italian are similar to or identical with their English equivalents; and a great many words sound almost alike. Then, too, Italian pronunciation is easier. It is straightforward, without any of the "exceptions" that occur in English.

The approach here is progressive. From the very beginning, the student is on familiar ground. Many words that are in common use in both languages, that look and sound alike, and that relate to ordinary, everyday situations are used. On so firm a beginning, the student can, with confidence, proceed to more complex sentences. With every step forward he can add to his vocabulary and develop his verbal facility.

Anyone who has ever tried to learn a language by the laborious route of memorizing complex grammar rules, and has had to struggle with the numerous exceptions to these rules, will be pleasantly surprised at how easy it is to learn Italian with the method used in this book.

Nothing, of course, is done without effort. Nevertheless, with the help of a few simple steps conscientiously followed, learning Italian can be a pleasure. The method here followed makes the student want to learn. Before he has gone very far, before he is even aware of it, he will be speaking Italian. And he will love it.

A unique feature of this book is that each page contains one lesson by itself. Physically, this arrangement makes it easier to work with and to use the book. From the teaching and learning point of view, it is an arrangement that presents each lesson as a separate and complete unit, allowing for quicker and more direct reference.

## A Few Suggestions

For the Student—The words and phrases that head each lesson are those to be studied in that lesson. Familiarize yourself with them. When you think you know them, read the rest of the lesson and study it.

The small drawings are there to make studying easier for you. With their help you can avoid doing difficult exercises and frustrating drills. You will be able to understand every word as you go along. If, however, you are in doubt as to the meaning of a word, consult the vocabulary at the end of the book.

The fact that each lesson is on a separate page should be very helpful to you in your studies. Take full advantage of this. At first, there will be a natural tendency for you to "begin at the beginning" and follow through with the lessons in regular order.

After a while, however, you will discover that the arrangement of a separate page for each lesson gives you another way of studying. You will find that you don't necessarily have to start with the first lesson and follow through in sequence. You can start wherever you wish. You can shift back and forth among the lessons; you can go on to a new lesson when you feel ready for it; you can study several lessons simultaneously, and you can keep on reviewing what you have learned, at your own convenience.

**For the Teacher**—The most important aim of this book is to provide you with a book that will "help you to help your students" master Italian.

The lessons are so presented that they can be easily adapted for dialogue teaching. You ask the questions and the student will be able to answer them.

As a teacher, you too will find "a lesson a page" a great convenience. This arrangement will help you to plan your lessons in the classroom, to assign homework and to devise tests as you go along.

The grammar section at the end of the book provides a useful list of verbs and exercises. You will find them handy in extending the scope of your teaching.

**For Everybody**—This book includes a traveler's word list and a pronunciation guide. If you happen to be planning a trip to Italy take advantage of these.

Learn Italian with this book. Now turn to the first lesson and start speaking in Italian.

Margarita Madrigal
Giuseppina Salvadori

# CONTENTS

# PRONUNCIATION GUIDE

**A**   The letter A is always pronounced A as in **star.**

**E**   The letter E is pronounced E as in **test.**

**I**   The letter I is pronounced I as in **machine.**

**O**   The letter O is pronounced O as in **obey.**

**U**   The letter U is pronounced OO as in **cool.**

**C**   1. The C before A,O,U is pronounced K.

     2. The C before E or I is pronounced CH as in **child.**

**CH**   CH is pronounced K as in **keen.**

**G**   1. The G before A,O,U is as the G in **go.**

     2. The G before E or I is as the G in **gentle.**

**GH**   GH is as the G in **get.**

**GLI**   GLI is LYEE as in **collier.**

**GN**   GN is NY as in **canyon.**

**S**   1. S is as the S in **so.**

     2. S between vowels is Z as in **cozy.**

**SC**   SC is as SH.

**SS**   SS is S as in **so.**

**Z**   Z is pronounced TZ.

**H**   The H is always silent in Italian.

Double letters are pronounced with more emphasis than single letters.

The letters which are not listed above are pronounced as they are in English, but more distinctly.

**vado,** I'm going
**al parco,** to the park
**al ristorante,**
    to the restaurant

**al,** to the
**al teatro,** to the theater
**al cinema,** to the movies

Vado al parco.

Vado al ristorante.

Vado al teatro.

Vado al cinema.

**vado,** I'm going
**va?** are you going?

Vado al parco.
Va al parco?

**Note:** In Italian you generally drop subject pronouns:
    I, you, we, they, etc.

**non vado,** I'm not going
**al teatro,** to the theater

**al,** to the
**al cinema,** to the movies

Non vado al club.

Non vado al teatro.

Non vado al cinema.

Non vado al garage.

**va?** are you going?
**vado,** I'm going
**non va?** aren't you going?
**non vado,** I'm not going

Va al club?
Vado al garage.
Non va al teatro?
Non vado al teatro.

10

**va?** are you going?
**vado,** I'm going
**al mare,** to the seashore
**al museo,** to the museum

**al,** to the
**sì,** yes
**al ballo,** to the dance
**al concerto,** to the concert

Va al concerto?
Sì, vado al concerto.

Va al ballo?
Sì, vado al ballo.

Va al museo?
Sì, vado al museo.

Va al mare?
Sì, vado al mare.

| **va:** | you are going | are you going? |
| | he is going | is he going? |
| | she is going | is she going? |
| | it is going | is it going? |

11

**andiamo,** let's go      **al,** to the

Andiamo al ristorante.

Andiamo al parco.

SPRING LOVE

Andiamo al cinema.

Andiamo al teatro.

Andiamo al club.
Andiamo al garage.

# EXERCISE

Translate the following sentences into Italian:

1. I'm going to the movies.
2. I'm going to the seashore.
3. Let's go to the theater.
4. I'm going to the park.
5. Let's go to the restaurant.
6. Let's go to the dance.
7. I'm going to the concert.
8. I'm going to the club.
9. I'm not going to the dance.
10. I'm going to the garage.

Check your sentences with those below:

1. Vado al cinema.
2. Vado al mare.
3. Andiamo al teatro.
4. Vado al parco.
5. Andiamo al ristorante.
6. Andiamo al ballo.
7. Vado al concerto.
8. Vado al club.
9. Non vado al ballo.
10. Vado al garage.

è, is  
il, the  

grande, big  
il parco, the park  

Il parco è grande.

Il cavallo è grande.

Il treno è grande.

Il piano è grande.

Il garage è grande.  
Il club è grande.  
Il taxi è grande.

---

è: you are    are you?  
    he is     is he?  
    she is    is she?  
    it is      is it?

E grande il treno?   *Is the train big?*

**Note:** Some Italians say tassì instead of taxi.

14

**non è**, is not
**il cappello**, the hat

**grande**, big
**il bottone**, the button

Il cappello non è grande.    Il disco non è grande.

Il bottone non è grande.    Il libro non è grande.

**sono**, I am
**è**, you are, he, she, it is
**siamo**, we are
**sono**, they are

È grande il cappello?    *Is the hat big?*

**non è,** is not
**il bambino,** the baby

**grande,** big
**il canarino,** the canary

**Il bambino non è grande.**

**Il canarino non è grande.**

**Il gatto non è grande.**

**Il telefono non è grande.**

Most words which end in O are masculine and take the article **il** (the):

| | |
|---|---|
| **il bambino** | **il canarino** |
| **il gatto** | **il telefono** |

**È grande il bambino?**   *Is the baby big?*

è, is
non è, is not

grande, big
la, the

La casa è grande.

La montagna è grande.

La pera non è grande.

La rosa non è grande.

Most words which end in A are feminine and take the article la (the): la casa, la pera, la montagna, la rosa.

GN is pronounced NY. Montagna is pronounced "montanya."

È grande la casa?    *Is the house big?*

17

### piccolo, little, small (masculine)

"Piccolo" is a masculine word. Notice that it ends in O. It goes with other words that end in O.

**il topo,** the mouse

**il fungo,** the mushroom

**Il bambino è piccolo.**

**Il topo è piccolo.**

**Il canarino è piccolo.**

**Il fungo è piccolo.**

Words which end in O take the article **il** (the) and **un** (a, an).

**il canarino,** the canary
**un canarino,** a canary

**È piccolo il bambino?**   *Is the baby small?*

18

## piccola, little, small (feminine)

**"Piccola"** is a feminine word. Notice that it ends in A. It goes with other words which end in A.

La rosa è piccola.          La tazza è piccola.

La violetta è piccola.          La sardina è piccola.

Words which end in A take the article **la** (the) and **una** (a, an).

**la rosa,** the rose
**una rosa,** a rose

**È piccola la rosa?**     *Is the rose small?*

19

Choose the correct word:

1. Il treno      è (grande, piccolo).

2. Il bottone      è (grande, piccolo).

3. Il piano      è (grande, piccolo).

4. Il bambino      è (grande, piccolo).

5. La rosa      è (piccolo, piccola).

6. La sardina      è (piccolo, piccola).

7. Il canarino      è (piccolo, piccola).

8. La tazza      è (piccolo, piccola).

The correct answers are on the next page.

Answers to the questions on the previous page.

1.  Il treno è grande.

2.  Il bottone è piccolo.

3.  Il piano è grande.

4.  Il bambino è piccolo.

5.  La rosa è piccola.

6.  La sardina è piccola.

7.  Il canarino è piccolo.

8.  La tazza è piccola.

## dove è? where is? where is it?

è, is
in centro, downtown
in piazza, in the square

in, in, in the
in forno, in the oven
l'arrosto, the roast

**L'** is "the" before words which begin with the letter H or a vowel (a, e, i, o, u).

Dove è l'automobile?
L'automobile è in garage.

Dove è l'autobus?
L'autobus è in piazza.

Dove è l'hotel?
L'hotel è in centro.

Dove è l'arrosto?
L'arrosto è in forno.

l'animale, the animal

l'arancio, the orange

## dove è, where is?

**all'ospedale,**
    at the hospital

**all'università,**
    at the university

**all'aeroporto,**
    at the airport

**il dottore,**
    the doctor

**il professore,**
    the professor

**il turista,**
    the tourist

**All'** is "at the" before words which begin with the letter H or a vowel (a, e, i, o, u).

Dove è l'aeroplano?
L'aeroplano è
    all'aeroporto.

Dove è il turista?
Il turista è all'hotel.

Dove è il dottore?
Il dottore è
    all'ospedale.

Dove è il professore?
Il professore è
    all'università.

la pera, the pear
deliziosa, delicious

la pesca, the peach
la mela, the apple

È deliziosa la pera?
Sì, la pera è deliziosa.

È deliziosa la pesca?
Sì, la pesca è deliziosa.

È deliziosa la banana?
Sì, la banana è deliziosa.

È deliziosa la mela?
Sì, la mela è deliziosa.

È deliziosa la frutta?    *Is the fruit delicious?*
Sì, la frutta è deliziosa.

**un animale,** an animal   **la tigre,** the tiger
**il leone,** the lion   **il mulo,** the mule

**che cosa è?** what is? (what thing is?) Pronunciation:
Ke coza eh.

Che cosa è il cavallo?
Il cavallo è un animale.

Che cosa è la vacca?
La vacca è un animale.

Che cosa è il cane?
Il cane è un animale.

Che cosa è il gatto?
Il gatto è un animale.

Il mulo è un animale.
La tigre è un animale.
Il leone è un animale.

## che cosa è? what is? (what thing is?)

**un fiore,** a flower
**il geranio,** the geranium

**la margherita,** the daisy
**il tulipano,** the tulip

Che cosa è la rosa?
La rosa è un fiore.

Che cosa è il tulipano?
Il tulipano è un fiore.

Che cosa è il geranio?
Il geranio è un fiore.

Che cosa è la
margherita?
La margherita è un fiore.

**un bel fiore,** a lovely flower

La rosa è un bel fiore.
Il tulipano è un bel fiore.

## che cosa è? what is? (what thing is?)

una verdura, a vegetable
il pomodoro, the tomato
il carciofo, the artichoke

il sedano, the celery
la lattuga, the lettuce
il cavolo, the cabbage

Che cosa è il sedano?
Il sedano è una verdura.

Che cosa è il carciofo?
Il carciofo è una verdura.

Che cosa è il cavolo?
Il cavolo è una verdura.

Che cosa è la lattuga?
La lattuga è una verdura.

rosso, red

È rosso il pomodoro?    *Is the tomato red?*
Sì, il pomodoro è rosso.

Answer the following questions:

1. Che cosa è il gatto?

2. Che cosa è la rosa?

3. E deliziosa la banana?

4. Che cosa è il cavolo?

5. Che cosa è il cane?

6. Che cosa è il sedano?

7. Dove è il turista?

8. Dove è l'aeroplano?

The correct answers are on the next page.

**Answers to the questions on the previous page.**

1. Il gatto è un animale.

2. La rosa è un fiore.

3. Sì, la banana è deliziosa.

4. Il cavolo è una verdura.

5. Il cane è un animale.

6. Il sedano è una verdura.

7. Il turista è all'hotel.

8. L'aeroplano è all'aeroporto.

# WHAT TO SAY TO THE WAITER
## OR TO THE DOORMAN:

**per favore,** please
**il conto,** the check
**un bicchiere d'acqua,**
   a glass of water

**una bistecca,** a beefsteak
**zucchero,** sugar
**cameriere,** waiter

Roastbeef, per favore.

Il conto, per favore.

Un bicchiere d'acqua,
per favore.

Zucchero, per favore.

Una bistecca, per favore. Un taxi, per favore.
When you wish to call the waiter say: **Cameriere.**

# EVERYDAY EXPRESSIONS

**Buongiorno.** Good morning. Good afternoon.
**Buona sera.** Good evening. Good night.
**Arrivederci.** Good bye. See you again.
**Come sta?** How are you?
**Bene, grazie, e lei?** Well, thank you, and you?

**Grazie.** Thank you.
**Prego.** You are welcome.
**Scusi.** Excuse me. I beg your pardon.
**Piacere.** Pleased to meet you.
**Con piacere.** With pleasure.
**Per piacere.** Please.
**Per favore.** Please.

**ha?** have you?  
**ho,** I have

**un, una,** a  
**sì,** yes

Ha un piano?  
Sì, ho un piano.

Ha una bicicletta?  
Sì, ho una bicicletta.

Ha un fonografo?  
Sì, ho un fonografo.

Ha una chitarra?  
Sì, ho una chitarra.

| **ha:** you have | have you? |
|---|---|
| he has | has he? |
| she has | has she? |
| it has | has it? |

HO is pronounced O. HA is pronounced AH.

**ha,** have you?          **un, a**
**ho,** I have

Ha un cane?
Sì, ho un cane.

Ha un gatto?
Sì, ho un gatto.

Ha un libro?
Sì, ho un libro.

Ha un ombrello?
Sì, ho un ombrello.

**ho,** I have                    Ho un libro.
**ha,** he, she, it has          Alberto ha un ombrello.
**abbiamo,** we have             Abbiamo un cane.
**hanno,** they have             Hanno un gatto.

Remember that the letter H is silent. HO is pronounced O. HA is pronounced AH.

33

**ha?** have you?
**ho,** I have
**pane,** bread

**burro,** butter
**zucchero,** sugar
**latte,** milk

Ha burro?
Sì, ho burro.

Ha zucchero?
Sì, ho zucchero.

Ha pane?
Sì, ho pane.

Ha latte?
Sì, ho latte.

Ha roastbeef?
Sì, ho roastbeef.

HO is pronounced O. HA is pronounced AH.

**non ho,** I haven't

che orrore! how
horrible!
ha? have you?
ho, I have

**per fortuna,** fortunately

**un topo,** a mouse
**in casa,** at home

Ha un leone in casa?
Che orrore! Non ho
un leone in casa.

Ha un topo in casa?
No, per fortuna non
ho un topo in casa.

Ha un serpente in casa?
No, per fortuna non ho
un serpente in casa.

HO is pronounced O. HA is pronounced AH.

# EXERCISE

Answer the following questions:

1. Ha un piano?

2. Ha un fonografo?

3. Ha una bicicletta?

4. Ha una chitarra?

5. Ha latte?

6. Ha un leone  in casa?

7. Ha pane?

8. Ha un topo in casa?

The answers to these questions are on the next page.

Answers to the questions on the previous page:

1. Sì, ho un piano.

2. Sì, ho un fonografo.

3. Sì, ho una bicicletta.

4. Sì, ho una chitarra.

5. Sì, ho latte.

6. No, non ho un leone in casa.

7. Sì, ho pane.

8. No, non ho un topo in casa.

**Ho tempo.** I have time.

**Non ho tempo.** I haven't time.

**Ho visite.** I have company.

**Ho un raffreddore.** I have a cold.

**Ho fame.** I'm hungry (I have hunger).

**Ho sete.** I'm thirsty (I have thirst).

**Ho freddo.** I'm cold.

**Ho caldo.** I'm hot.

**Ho mal di testa.** I have a headache.

**Ha ragione.** You are right (You have reason).

**Ha torto.** You are wrong.

**Che cosa ha?** What's wrong with you? (What thing have you?)

**Quanti anni ha?** How old are you? (How many years have you?)

**Alberto ha due anni.** Albert is two years old.

| | |
|---|---|
| **ho,** I have | **abbiamo,** we have |
| **ha:** you have, have you? | **hanno,** they have |
| he has, has he? | |
| she has, has she? | |
| it has, has it? | |

**hanno?** have they?　　**un giardino,** a garden
**hanno,** they have　　**una terrazza,** a terrace

Hanno una casa?
Sì, hanno una casa.

Hanno una terrazza?
Sì, hanno una terrazza.

Hanno un giardino?
Sì, hanno un giardino.

Hanno una televisione?
Sì, hanno una televisione.

Hanno un garage.
Hanno un appartamento. (An apartment).

**ho comprato, I bought (I have bought)** **un, a**

Ho comprato un
vestito.

Ho comprato un
mantello.

Ho comprato un
cappello.

Ho comprato un
orologio.

**ho comprato,** I bought

**ha comprato,** he, she
bought

**abbiamo comprato,** we
bought

**hanno comprato,** they
bought

Ho comprato un mantello.

Mamma ha comprato un
vestito.

Abbiamo comprato un
cappello.

Hanno comprato un
orologio.

Ha comprato un vestito?    *Did you buy a dress?*

**Note: Vestito means "dress" or "man's suit".**

**ha comprato?** did you buy? (have you bought?)
**ho comprato,** I bought.(I have bought)
**il pane,** the bread                    **il burro,** the butter

Ha comprato il burro?
Sì, ho comprato il
   burro.

Ha comprato il sapone?
Sì, ho comprato il
   sapone.

Ha comprato il latte?
Sì, ho comprato il latte.

Ha comprato il pane?
Sì, ho comprato il pane.

Ho comprato il caffè.
Ho comprato una pizza.

**ha comprato?** did you buy? (have you bought?)
**ho comprato,** I bought (I have bought)
**una,** a

Ha comprato una
  camicia?
Sì, ho comprato una
  camicia.

Ha comprato una
  cravatta?
Sì, ho comprato una
  cravatta.

Ha comprato una
  gonna?
Sì, ho comprato una
  gonna.

Ha comprato una
  blusa?
Sì, ho comprato una
  blusa.

**ho comprato, I bought, I have bought**     **alla stazione, at the station**

Ho comprato il bigliet-
to alla stazione.

Ho comprato la rivista
alla stazione.

Ho comprato un gior-
nale alla stazione.

Ho comprato un libro
alla stazione.

| | |
|---|---|
| **ho comprato,** I bought | Ho comprato il biglietto. |
| **ha comprato,** he, she bought | Papà ha comprato un'auto. |
| **abbiamo comprato,** we bought | Abbiamo comprato un libro. |
| **hanno comprato,** they bought | Hanno comprato un giornale. |

Ha comprato il biglietto alla stazione?
*Did you buy the ticket at the station?*

**ha preparato?** did you prepare? (have you prepared?)
**ho preparato,** I prepared, (I have prepared)
**la minestra,** the soup        **l'insalata,** the salad

Ha preparato il caffè?
Sì, ho preparato il
caffè.

Ha preparato la frutta?
Sì, ho preparato la
frutta.

Ha preparato la
minestra?
Sì, ho preparato la
minestra.

Ha preparato
l'insalata?
Sì, ho preparato
l'insalata.

**ho preparato,** I prepared
**il pollo,** the chicken

**per cena,** for dinner
**il tacchino,** the turkey

Ho preparato il pollo
per cena.

Ho preparato il roast-
beef per cena.

Ho preparato il tacchi-
no per cena.

Ho preparato il tè per
cena.

**ho preparato,** I prepared

Ho preparato il
consommè.

**ha preparato,** he, she
prepared
**abbiamo preparato,** we
prepared
**hanno preparato,** they
prepared

Mamma ha preparato il
caffè.
Abbiamo preparato il
pollo.
Hanno preparato la cena.

Ha preparato il pollo per cena?
*Did you prepare the chicken for dinner?*

# EXERCISE

Answer the following questions:

1. Ha comprato il latte?

2. Ha comprato una camicia?

3. Ha comprato una cravatta?

4. Ha comprato una gonna?

5. Ha comprato una blusa?

6. Ha preparato la minestra?

7. Ha preparato il tacchino?

8. Ha preparato il caffè?

The answers to these questions are on the next page.

**ha comprato?** did you buy?
**ho comprato,** I bought

Answers to the questions on the previous page.

1. Sì, ho comprato il latte.

2. Sì, ho comprato una camicia.

3. Sì, ho comprato una cravatta.

4. Sì, ho comprato una gonna.

5. Sì, ho comprato una blusa.

6. Sì, ho preparato la minestra.

7. Sì, ho preparato il tacchino.

8. Sì, ho preparato il caffè.

**voglio,** I want
**voglio nuotare,** I want to swim
**voglio ballare,** I want to dance

**mangiare,** to eat
**cantare,** to sing

**domani,** tomorrow

Voglio mangiare.

Voglio nuotare.

Voglio cantare.

Voglio ballare.

**voglio,** I want
**vuole,** he, she wants
**vogliamo,** we want

**vogliono,** they want

Voglio nuotare domani.
Papà vuole cantare.
Vogliamo nuotare domani.
Vogliono mangiare.

Vuole mangiare?  *Do you want to eat?*

**Voglio** is pronounced "volyo."

48

**comprare**, to buy          **un, una**, a
**voglio comprare**, I want to buy

Voglio comprare una
valigia.

Voglio comprare una
pipa.

Voglio comprare un
cappello.

Voglio comprare un
ombrello.

**vuole:** do you want?        you want
         does he want?       he wants
         does she want?      she wants
         does it want?       it wants

**Voglio** is pronounced "volyo."

**vuole comprare?** do you want to buy?

**voglio comprare,** I want to buy

**fiori,** flowers

**sì,** yes

**un, una,** a

Vuole comprare una casa?
Sì, voglio comprare una casa.

Vuole comprare fiori?
Sì, voglio comprare fiori.

Vuole comprare una televisione?
Sì, voglio comprare una televisione.

Vuole comprare un'automobile?
Sì, voglio comprare un'automobile.

**Voglio** is pronounced "volyo."

## EVERYDAY EXPRESSIONS

**Voglio** means "I want."
**Voglio bene** means "I love."

**Ti voglio bene.** I love you. (Thee I love).
**Ti voglio molto bene.** I love you very much.
**Gli voglio bene.** I love him. I love them.
**Le voglio bene.** I love her.

When you name a person, you must put the letter **A** after **voglio bene.**

**Voglio bene a Roberto.** I love Robert.
**Voglio bene a Maria.** I love Mary.
**Voglio bene a mia madre.** I love my mother.
**Voglio bene a mio padre.** I love my father.

**Che cosa vuol dire?** What does it mean?
(What does it want to say?)

**51**

**Answer the following questions:**

1. **Vuole comprare una pipa?**

2. **Vuole comprare un ombrello?**

3. **Vuole comprare una valigia?**

4. **Vuole comprare un cappello?**

5. **Vuole nuotare?**

6. **Vuole ballare?**

7. **Vuole comprare una casa?**

8. **Vuole comprare un' automobile?**

9. **Translate: I love you.**

The answers to these questions are on the next page.

**voglio comprare, I want to buy**

Answers to the questions on the previous page.

1. Sì, voglio comprare una pipa.

2. Sì, voglio comprare un ombrello.

3. Sì, voglio comprare una valigia.

4. Sì, voglio comprare un cappello.

5. Sì, voglio nuotare.

6. Sì, voglio ballare.

7. Sì, voglio comprare una casa.

8. Sì, voglio comprare un'automobile.

9. Ti voglio bene.

How to form the plural of words that end in O or E:
Remove the letter O or E and add the letter I.

**il,** the (singular)
**il treno,** the train

**i,** the (plural)
**i treni,** the trains

il treno

i treni

il cavallo

i cavalli

il libro

i libri

il monte

i monti

**il bambino**, the baby,
the boy
**piccolo**, small (singular)
**I bambini sono piccoli.**

**i bambini**, the babies,
the boys
**piccoli**, small (plural)
The babies are small.

Il bambino è piccolo.

I bambini sono piccoli.

Il canarino è piccolo.

I canarini sono piccoli.

Il gatto è piccolo.

I gatti sono piccoli.

Il bottone è piccolo.

I bottoni sono piccoli.

è, is  
piccolo, small (singular)  
il topo, the mouse  
il fiammifero, the match  
sono, are (plural)  
piccoli, small (plural)  
i topi, the mice  
i fiammiferi, the matches  
**non sono,** are not

È piccolo il libro?  
Sì, il libro è piccolo.

Sono piccoli i libri?  
Sì, i libri sono piccoli.

È piccolo il  
fiammifero?  
Sì, il fiammifero è  
piccolo.

Sono piccoli i  
fiammiferi?  
Sì, i fiammiferi sono  
piccoli.

È piccolo il topo?  
Sì, il topo è piccolo.

Sono piccoli i topi?  
Sì, i topi sono piccoli.

è, is

**grande**, big (singular)

**il piroscafo**, the ship

**il divano**, the sofa

**sono**, are (plural)

**grandi**, big (plural)

**i piroscafi**, the ships

**i divani**, the sofas

È grande il piroscafo?
Sì, il piroscafo è
grande.

Sono grandi i
piroscafi?
Sì, i piroscafi sono
grandi.

È grande il divano?
Sì, il divano è grande.

Sono grandi i divani?
Sì, i divani sono grandi.

È grande il treno?
Sì, il treno è grande.

Sono grandi i treni?
Sì, i treni sono grandi.

**How to form the plural of words that end in A: Remove the A and add the letter E.**

**la**, the (singular)
**la rosa**, the rose

**le**, the (plural)
**le rose**. the roses

la rosa

le rose

la tavola

le tavole

la casa

le case

la pera

le pere

## sono, are (plural)

**la bambina,** the baby, the girl
**piccola,** small (singular)

**le bambine,** the babies, the girls
**piccole,** small (plural)

La bambina è piccola.

Le bambine sono piccole.

La matita è piccola.

Le matite sono piccole.

La penna è piccola.

Le penne sono piccole.

La sigaretta è piccola.

Le sigarette sono piccole.

**è, is**
**piccola, small (singular)**
**la cartolina, the postcard**
**la violetta, the violet**

**sono, are (plural)**
**piccole, small (plural)**
**le cartoline, the postcards**
**le violette, the violets**

È piccola la violetta?
Sì, la violetta è piccola.

Sono piccole le
violette?
Sì, le violette sono
piccole.

È piccola la pipa?
Sì, la pipa è piccola.

Sono piccole le pipe?
Sì, le pipe sono
piccole.

È piccola la cartolina?
Sì, la cartolina è
piccola.

Sono piccole le
cartoline?
Sì, le cartoline sono
piccole.

**è**, is
**deliziosa**, delicious (sing.)
**deliziose**, delicious (pl.)

**sono**, are (plural)
**la patata**, the potato
**le patate**, the potatoes

**È deliziosa la banana?**
**Sì, la banana è**
**deliziosa.**

Sono deliziose le
banane?
Sì, le banane sono
deliziose.

**È deliziosa la carota?**
**Sì, la carota è**
**deliziosa.**

Sono deliziose le
carote?
Sì, le carote sono
deliziose.

**È deliziosa la patata?**
**Sì, la patata è**
**deliziosa.**

Sono deliziose le
patate?
Sì, le patate **sono**
deliziose.

**I bambini,** the babies (boys)

**sono,** are (plural)

**i,** the (plural)

**bello,** beautiful (singular)

**buono,** good (singular)

**belli,** beautiful (plural)

**buoni,** good (plural)

**cattivo,** naughty, bad (singular)

**delizioso,** delightful, delicious (singular)

**cattivi,** naughty, bad (plural)

**deliziosi,** delightful, delicious (plural)

**I bambini sono belli.** The babies are pretty.

Sono deliziosi i bambini?
Sì, i bambini sono deliziosi.

Sono cattivi i bambini?
Sì, i bambini sono cattivi.

Sono belli i bambini?
Sì, i bambini sono belli.

Sono buoni i bambini?
Sì, i bambini sono buoni.

**I bambini sono bellissimi.** *The babies (boys) are beautiful.*

**le bambine,** the babies (girls)

**sono,** are

**bella,** beautiful (singular)

**belle,** beautiful (plural)

**cattiva,** naughty, bad (singular)

**cattive,** naughty, bad (plural)

**le,** the (plural)

**buona,** good (singular)

**buone,** good (plural)

**deliziosa,** delightful, delicious (singular)

**deliziose,** delightful, delicious (plural)

**Le bambine sono belle.** The babies are pretty.

Sono deliziose le bambine?
Sì, le bambine sono deliziose.

Sono cattive le bambine?
Sì, le bambine sono cattive.

Sono belle le bambine?
Sì, le bambine sono belle.

Sono buone le bambine?
Sì, le bambine sono buone.

**Le bambine sono bellissime.**
*The babies (girls) are most beautiful.*

**è, is**
**sono,** they are

**In ufficio,** at the office
**in,** in, at

Alberto è in chiesa.
Sono in chiesa.

Mamma è in casa.
Sono in casa.

Papà è in ufficio.
Sono in ufficio.

L'automobile è in
garage.
Sono in garage.

**sono,** I am
**è,** you are
  he, she,
  it is
**siamo,** we are
**sono,** they are

Sono in casa.
Daniele è in ufficio.
Maria è in chiesa.

Siamo in hotel.
Sono in garage.

Dove è Alberto? *Where is Albert?*
Dove è l'automobile? *Where is the car?*

64

**è cara,** is expensive          **non è cara,** is not expensive
**questa,** this (feminine)

Questa borsa è cara.          Questa cintura è cara.

Questa vestaglia non è      Questa sottoveste non
cara.                                    è cara.

Queste borse sono care. *These purses are expensive.*
Queste cinture sono care. *These belts are expensive.*

È cara questa borsa? *Is this purse expensive?*
È cara questa cintura? *Is this belt expensive?*
È cara questa vestaglia? *Is this robe expensive?*
Sono care queste cinture? *Are these belts expensive?*

Answer the following questions:

1. Sono piccoli i libri?

2. Sono piccoli i fiammiferi?

3. Sono grandi i divani?

4. Sono grandi i piroscafi?

5. Sono piccole le pipe?

6. Sono deliziose le banane?

7. Sono deliziose le patate?

8. Sono belli i bambini?

The answers to these questions are on the next page.

**sono,** are                 **belli,** beautiful (plural)

Answers to the questions on the previous page.

1. Sì, i libri sono piccoli.

2. Sì, i fiammiferi sono piccoli.

3. Sì, i divani sono grandi.

4. Sì, i piroscafi sono grandi.

5. Sì, le pipe sono piccole.

6. Sì, le banane sono deliziose.

7. Sì, le patate sono deliziose.

8. Sì, i bambini sono belli.

**mi piace,** I like
**la minestra,** the soup

**il formaggio,** the cheese
**l'insalata,** the salad

Mi piace la minestra.

Mi piace l'insalata.

Mi piace il formaggio.

Mi piace la frutta.

**Non mi piace.** *I don't like, I don't like it.*

Notice that in Italian you don't say, "I like soup." You must say "I like THE soup," "I like THE cheese," etc.

Le piace il formaggio? *Do you like cheese?*
Le piace l'insalata? *Do you like the salad?*
Le piace la frutta? *Do you like the fruit?*

**mi piace,** I like
**cantare,** to sing

**camminare,** to walk
**ballare,** to dance

Mi piace cantare.

Mi piace nuotare.

Mi piace ballare.

Mi piace camminare.

**mi piace,** I like
**le piace?** do you like?
**ci piace,** we like
**gli piace,** he, they like

Mi piace camminare.
Le piace nuotare?
Ci piace cantare.
Gli piace ballare.

**Non mi piace camminare,** I don't like to walk

A Roberto piace nuotare. *Robert likes to swim.*
Piace nuotare a Roberto? *Does Robert like to swim?*

If you put the words "A Roberto" before the expression, it makes a statement, "Robert likes to swim." If you put "A Roberto" after the expression, it makes a question, "Does Robert like to swim?"

**mi piace,** I like
**le piace?** do you like?
**la campagna,** the country

**il pollo,** (the) chicken
**il pesce,** (the) fish
**la musica,** (the) music

Le piace il pollo?
Sì, mi piace il pollo.

Le piace il pesce?
Sì, mi piace il pesce.

Le piace la campagna?
Sì, mi piace la campagna.

Le piace la musica?
Sì, mi piace la musica.

Le piace l'Italia?
Sì, mi piace molto l'Italia.

Le piace Roma?
Sì, mi piace moltissimo Roma.

Le piace il riso? (rice)
Sì, mi piace il riso.
Non mi piace il riso. *I don't like rice.*

**molto,** very much

**moltissimo,** very, very much

**mi piace,** I like
**le piace?** do you like?
**studiare,** to study

**leggere,** to read
**scrivere,** to write
**suonare la chitarra,**
    to play the guitar

**Le piace leggere?**
**Sì, mi piace leggere.**

**Le piace scrivere?**
**Sì, mi piace scrivere.**

**Le piace studiare?**
**Sì, mi piace studiare.**

**Le piace suonare la**
    **chitarra?**
    **Sì, mi piace suonare la**
    **chitarra.**

**Piace il programma a Roberto?**
*Does Robert like the program?*

**Sì, a Roberto piace il programma.**
*Yes, Robert likes the program.*

Don't forget to place the letter A before the word
"Roberto" in the sentences above.

**mi piacciono,** I like (when what you like is plural)
**la piacciono?** do you like? (when what you like is plural)

**i piselli,** peas

**i fagioli,** beans

**i fagiolini,** string beans

**gli spinaci,** spinach

**le carote,** carrots

Le piacciono i piselli?
Sì, mi piacciono i piselli.

Le piacciono le carote?
Sì, mi piacciono le carote.

Le piacciono i fagioli?
Sì, mi piacciono i fagioli.

Le piacciono i fagiolini?
Sì, mi piacciono i fagiolini.

Le piacciono gli spinaci?
Sì, mi piacciono gli spinaci.

Use **"piace"** when what you like is singular.
Use **"piacciono"** when what you like is plural.

Mi piace la rosa. *I like the rose.*
Mi piacciono le rose. *I like the roses.*

**mi piacciono,** I like (when what you like is plural)
**le piacciono?** do you like? (when what you like is plural)

**le ciliegie,** cherries      **le cipolle,** onions
**le fragole,** strawberries      **i pomodori,** tomatoes.

**Le piacciono i pomodori?**
**Sì, mi piacciono i pomodori.**

**Le piacciono le cipolle?**
**Sì, mi piacciono le cipolle.**

**Le piacciono le fragole?**
**Sì, mi piacciono le fragole.**

**Le piacciono le ciliegie?**
**Sì, mi piacciono le ciliegie.**

**Non mi piacciono i pomodori.** *I don't like tomatoes.*
**Non mi piacciono le cipolle.** *I don't like onions.*
**Non mi piacciono le ciliegie.** *I don't like cherries.*

andare, to go

al parco, to the park

mi piacerebbe, I would like

al teatro, to the theater

le piacerebbe? would you like?

al cinema, to the movies

mi piacerebbe andare, I would like to go

le piacerebbe andare? would you like to go?

Le piacerebbe andare al cinema?
Sì, mi piacerebbe andare al cinema.

Le piacerebbe andare al parco?
Sì, mi piacerebbe andare al parco.

Le piacerebbe andare al teatro?
Sì, mi piacerebbe andare al teatro.

Le piacerebbe andare all'hotel?
Sì, mi piacerebbe andare all'hotel.

Mi piacerebbe andare in Italia.
Mi piacerebbe andare in Germania.
Mi piacerebbe andare a Roma.
Mi piacerebbe andare a New York.

**mi piacerebbe,** I would like

**le piacerebbe?** would you like?

**ballare,** to dance
**parlare,** to talk
**lavorare,** to work

**nuotare,** to swim

**camminare,** to walk

**studiare,** to study
**cantare,** to sing
**oggi,** today

Le piacerebbe
  nuotare?
Sì, mi piacerebbe
  nuotare oggi.

Le piacerebbe ballare?
Sì, mi piacerebbe
  ballare.

Le piacerebbe camminare oggi?
Sì, mi piacerebbe camminare oggi.

Le piacerebbe lavorare oggi?
Sì, mi piacerebbe lavorare oggi.

Le piacerebbe cantare?
Sì, mi piacerebbe cantare.

Le piacerebbe parlare italiano?
Sì, mi piacerebbe parlare italiano.

Le piacerebbe studiare oggi?
Sì, mi piacerebbe studiare oggi.

# EXERCISE

Answer the following questions:

1. Le piace il pollo?

2. Le piace il pesce?

3. Le piace la minestra?

4. Le piace il formaggio?

5. Le piacciono le carote?

6. Le piacciono i piselli?

7. Le piacciono le cipolle?

8. Le piacerebbe nuotare?

The answers to these questions are on the following page.

**mi piace, I like (singular things)**
**mi piacciono, I like (plural things)**
**mi piacerebbe, I would like**

Answers to the questions on the previous page.

1. Sì, mi piace il pollo.

2. Sì, mi piace il pesce.

3. Sì, mi piace la minestra.

4. Sì, mi piace il formaggio.

5. Sì, mi piacciono le carote.

6. Sì, mi piacciono i piselli.

7. Sì, mi piacciono le cipolle.

8. Sì, mi piacerebbe nuotare.

In Italian you don't say "I went." You say instead "I am gone," (**sono andato**). If you are a man, you use this in the masculine form and say **"sono andato"**. If you are a woman, you use the feminine form and say **"sono andata"**.

**sono andato,** I went (when a man says it)
**sono andata,** I went (when a woman says it)
**al cinema,** to the movies       **al teatro,** to the theater
**al parco,** to the park       **a casa,** (to) home

Sono andato al cinema.       Sono andato al parco.
Sono andata al cinema.       Sono andata al parco.

Sono andato a casa.       Sono andato al teatro.
Sono andata a casa.       Sono andata al teatro.

È andato in Italia? *Did you go to Italy? (man)*
È andata in Italia? *Did you go to Italy? (woman)*
È andato al cinema? *Did you go to the movies? (man)*
È andata al parco? *Did you go to the park? (woman)*
È andata a casa? *Did you go home? (woman)*
È andato al teatro? *Did you go to the theater? (man)*

**sono andato,** I went (when a man says it)
**sono andata,** I went (when a woman says it)
**al mare,** to the seashore    **al ballo,** to the dance
**al museo,** to the museum    **al concerto,** to the concert

Sono andato al mare.    Sono andato al ballo.
Sono andata al mare.    Sono andata al ballo.

Sono andato al museo. Sono andato al concerto.
Sono andata al museo. Sono andata al concerto.

Sono andato a Roma.
Sono andata a Roma.

È andato al mare? *Did you go to the seashore? (man)*
È andata al mare? *Did you go to the seashore? (woman)*
È andato al ballo? *Did you go to the dance? (man)*
È andata al museo? *Did you go to the museum? (woman)*

**sono andato,** I went (when a man says it)
**sono andata,** I went (when a woman says it)

**all'hotel,** to the hotel

**all'università,** to the university

**all'aeroporto,** to the airport

**all'ospedale,** to the hospital

Sono andato all'hotel.  Sono andato all'aeroporto.
Sono andata all'hotel.  Sono andata all'aeroporto.


Sono andato all'università.
Sono andata all'università.
Sono andato all'ospedale.
Sono andata all'ospedale.


**è andato:** you went—did you go? (man)
 he went—did he go?
**è andata:** you went—did you go? (woman)
 she went—did she go?


È andato all'universita? *Did you go to the university? (man)*
È andata all'ospedale? *Did you go to the hospital? (woman)*
È andata all'aeroporto? *Did you go to the airport? (woman)*
È andato all'hotel? *Did you go to the hotel? (man)*

**sono andato,** I went (when a man says it)
**sono andata,** I went (when a woman says it)

In Italian you don't say "I went TO church", you say "I am gone IN church" **(in chiesa).**

| | |
|---|---|
| **in chiesa,** to (in) church | **in ufficio,** to (in) the office |
| **in banca,** to (in) the bank | **in Italia,** to (in) Italy |

Sono andato in ufficio.
Sono andata in ufficio.

Sono andato in chiesa.
Sono andata in chiesa.

Sono andato in banca.
Sono andata in banca.

Sono andato in Italia.
Sono andata in Italia.

Use IN when you say you went to countries.
   Sono andato in Australia.
   Sono andata in Germania.
Use A when you say you went to cities.
   Sono andato a Roma.
   Sono andata a New York.

In Italian you don't say "did you go?" You say instead, "Are you gone?" (**è andato**).

**è andato?** did you go? (when addressing a man)
**è andata?** did you go? (when addressing a woman)
**sono andato,** I went (when a man says it)
**sono andata,** I went (when a woman says it)

**alla festa,** to the party
**alla stazione,** to the station

**in chiesa,** to (in) church
**al mercato,** to the market

È andato alla festa?
Sì, sono andato alla festa.
È andata alla festa?
Sì, sono andata alla festa.

È andato in chiesa?
Sì, sono andato in chiesa.
È andata in chiesa?
Sì, sono andata in chiesa.

È andata in Italia?
Sì, sono andata in Italia.

È andato in Italia?
Sì, sono andato in Italia.

È andato a Roma?
Sì, sono andato a Roma.

È andato alla stazione?
Sì, sono andato alla stazione.

È andata al mercato?
Sì, sono andata al mercato.

**è andato?** did you go? (when addressing a man)
**è andata?** did you go? (when addressing a woman)
**sono andato,** I went (when a man says it)
**sono andata,** I went (when a woman says it)

**in farmacia,** to (in) the drugstore

**in libreria,** to (in) the book store

**in piazza,** to (in) the square

**in biblioteca,** to (in) the library

È andato in biblioteca?
Sì, sono andato in biblioteca.
È andata in biblioteca?
Sì, sono andata in biblioteca.

È andato in chiesa?
Sì, sono andato in chiesa.
È andata in chiesa?
Sì, sono andata in chiesa.

È andato in libreria?
Sì, sono andato in libreria.

È andata in libreria?
Sì, sono andata in libreria.

È andato in farmacia?
Sì, sono andato in farmacia.

È andata in farmacia?
Sì, sono andata in farmacia.

È andato in piazza?
Sì, sono andato in piazza.

È andata in piazza?
Sì, sono andata in piazza.

**è andato?** did you go? (when you ask a man)
**è andata?** did you go? (when you ask a woman)

## EXERCISE

Answer the following questions:

1. È andato in Italia? (man)
   È andata in Italia? (woman)

2. È andato al cinema? (man)
   È andata al cinema? (woman)

3. È andato in chiesa? (man)
   È andata in chiesa? (woman)

4. È andato al teatro? (man)
   È andata al teatro? (woman)

5. È andato in banca? (man)
   È andata in banca? (woman)

6. È andato a Roma? (man)
   È andata a Roma? (woman)

7. È andato all'hotel? (man)
   È andata all'hotel? (woman)

The answers to these questions are on the next page.

**sono andato,** I went (when a man says it)
**sono andata,** I went (when a woman says it)


Answers to the questions on the previous page.

1. Sono andato in Italia.
   Sono andata in Italia.

2. Sono andato al cinema.
   Sono andata al cinema.

3. Sono andato in chiesa.
   Sono andata in chiesa.

4. Sono andato al teatro.
   Sono andata al teatro.

5. Sono andato in banca.
   Sono andata in banca.

6. Sono andato a Roma.
   Sono andata a Roma.

7. Sono andato all'hotel.
   Sono andata all'hotel.

**al ristorante, to the restaurant**

**al teatro, to the theater**

**è andato, he went, did he go?**

**al parco, to the park**

**È andato al cinema Roberto?** Did Robert go to the movies? (Is gone to•the movies Robert?)

Notice that when you ask a question, the name goes last.

È andato al cinema Roberto?

Sì, Roberto è andato al cinema.

È andato al parco Alberto?

Sì, Alberto è andato al parco.

È andato al teatro Roberto?

Sì, Roberto è andato al teatro.

È andato al ristorante Alberto?

Sì, Alberto è andato al ristorante.

È andata al cinema mamma? Sì, mamma è andata al cinema.

È andato al cinema papà? Sì, papà è andato al cinema.

È andata al teatro mamma? Sì, mamma è andata al teatro.

È andato al teatro papà? Sì, papà è andato al teatro.

**in chiesa,** to (in) church    **in banca,** to (in) the bank
**in ufficio,** to (in) the office    **in Italia,** to (in) Italy
**è andata,** she went, did    **Maria,** Mary
   she go?
**È andata in Italia Maria?** Did Mary go to Italy? (Is gone
to Italy Mary?)

Notice that when you ask a question the name goes
last.

È andata in ufficio
   Maria?
Sì, Maria è andata in
   ufficio.

È andata in chiesa
   Maria?
Sì, Maria è andata in
   chiesa.

È andata in banca
   Maria?
Sì, Maria è andata in
   banca.

È andata in Italia
   Maria?
Sì, Maria è andata in
   Italia.

È andato in ufficio papà? Sì, papà è andato in ufficio.
È andata in ufficio mamma? No, mamma non è andata
   in ufficio.
È andato in banca papà? Sì, papà è andato in banca.
È andata in banca mamma? No, mamma non è andata
   in banca.

# EXERCISE

Answer the following questions:

1. È andato in Italia Roberto?

2. È andato in banca Alberto?

3. È andato al cinema Roberto?

4. È andato al parco Alberto?

5. È andata in chiesa Maria?

6. È andata in banca Maria?

7. È andata in Italia Maria?

8. È andata al cinema Maria?

The answers to these questions are on the next page.

**Roberto è andato,**
Robert went

**Maria è andata,**
Mary went

Answers to the questions on the previous page.

1. Sì, Roberto è andato in Italia.

2. Sì, Alberto è andato in banca.

3. Sì, Roberto è andato al cinema.

4. Sì, Alberto è andato al parco.

5. Sì, Maria è andata in chiesa.

6. Sì, Maria è andata in banca.

7. Sì, Maria è andata in Italia.

8. Sì, Maria è andata al cinema.

# EVERYDAY EXPRESSIONS

## essere, to be

| | | | |
|---|---|---|---|
| I am | SONO | SIAMO | we are |
| he, she is | È | SONO | they are |

are you?
is he?
Is she?

**Sono contento.** I am happy. (when a man says it)
**Sono contenta.** I am happy. (when a woman says it)
**È contento?** Are you happy? (when you ask a man)
**È contenta?** Are you happy? (when you ask a woman)
**Sono occupato.** I am busy. (man)
**Sono occupata.** I am busy. (woman)
**Sono pronto.** I am ready. (man)
**Sono pronta.** I am ready. (woman)
**È stanco.** He is tired.
**È stanca.** She is tired.
**È solo.** He is alone.
**È sola.** She is alone.
**È malato.** He's sick.
**È malata.** She's sick.
**È triste.** He is sad. She is sad.
**Siamo contenti.** We are happy. (men or men and women)
**Siamo contente.** We are happy. (women)
**Sono contenti.** They are happy. (men or men and women)

## USE ADJECTIVES WITH THE ABOVE VERBS.

# EVERYDAY EXPRESSIONS

## Stare, to be

| | | | |
|---|---|---|---|
| I am | STO | STIAMO | we are |
| he, she is<br>are you? | STA | STANNO | they are |

**Essere** (to be) is used with adjectives. (See previous page.)

**Stare** (to be) is used with adverbs.

---

**Sta bene.** He is well. She is well. It's OK.

**Sta male.** He's ill. She's ill. (He, she doesn't feel well.)

**Sta meglio.** He is better. She is better.

**Sta peggio.** He is worse. She is worse.

**Sta così così.** He is so so. She is so so.

**Come sta?** How are you?

**Come sta suo padre?** How is your father?

**Come sta sua madre?** How is your mother?

**Come sta Roberto?** How is Robert?

**Come stanno?** How are they?

**Stanno bene.** They are well.

**Stiamo bene.** We are well.

## USE ADVERBS WITH THE ABOVE VERBS

## Stare, to be

| | | | |
|---|---|---|---|
| I am | STO | STIAMO | we are |
| he, she is<br>are you? | STA | STANNO | they are |

These verbs are used to say where things or people are.

### Dove sta? where is? where is it?

**Dove sta Roberto?**
**Roberto sta in hotel.**

**Dove sta Maria?**
**Maria sta in casa.**

**Sta:** you are, are you? he is, is he?
she is, is she? it is, is it?

Dove sta il suo ombrello? *Where is your umbrella?*
Il mio ombrello sta in casa. *My umbrella is at home.*
Dove sta la sua chitarra? *Where is your guitar?*
La mia chitarra sta in casa. *My guitar is at home.*

**sta suonando?** are you playing? (an instrument)
**sto suonando,** I am playing (an instrument)

Sta suonando il piano?
Sì, sto suonando
   il piano.

Sta suonando la
   chitarra?
Sì, sto suonando
   la chitarra.

Sta suonando
   l'organo?
Sì, sto suonando
   l'organo.

Sta suonando il
   violino?
Sì, sto suonando il
   violino.

Notice that the English ING is ANDO in Italian.
Learn: ING is ANDO

**cantando,** singing
**ballando,** dancing

**comprando,** buying
**parlando,** speaking

**sta nuotando?** are you swimming?

**sto nuotando,** I am swimming

**sta mangiando?** are you eating?

**sta ballando?** are you dancing?

**sta studiando?** are you studying?

Sta nuotando?
Sì, sto nuotando.

Sta ballando?
Sì, sto ballando.

Sta mangiando?
Sì, sto mangiando.

Sta studiando?
Sì, sto studiando.

Sto nuotando. *I am swimming.*
Sta nuotando. *You are swimming. He, she, it is swimming.*
Stiamo nuotando. *We are swimming.*
Stanno nuotando. *They are swimming.*

**il, la,** the
**sta leggendo?** are you reading?
**sto leggendo,** I am reading

**il giornale,** the newspaper
**la rivista,** the magazine

**Sta leggendo il libro?**
**Sì, sto leggendo il libro.**

**Sta leggendo la rivista?**
**Sì, sto leggendo la rivista.**

**Sta leggendo il giornale?**
**Sì, sto leggendo il giornale.**

**Sta leggendo la lettera?**
**Sì, sto leggendo la lettera.**

Notice that the English ending ING is ENDO.
Learn: ING is ENDO
**leggendo,** reading

ING is ANDO for ARE verbs.
ING is ENDO for ERE and IRE verbs.

# EXERCISE

Answer the following questions:

1. **Dove sta l'automobile?**

2. **Sta suonando il piano?**

3. **Sta suonando il violino?**

4. **Sta nuotando?**

5. **Sta studiando?**

6. **Sta ballando?**

7. **Sta leggendo il libro?**

8. **Sta leggendo la lettera?**

The answers to these questions are on the next page.

Remember: **sto suonando,** I am playing
**sto nuotando,** I am swimming

Answers to the questions on the previous page.

1. L'automobile sta in garage.

2. Sì, sto suonando il piano.

3. Sì, sto suonando il violino.

4. Sì, sto nuotando.

5. Sì, sto studiando.

6. Sì, sto ballando.

7. Sì, sto leggendo il libro.

8. Sì, sto leggendo la lettera.

**c'è, there is, is there?**

carne, meat

prosciutto, ham

latte, milk

burro, butter

nel frigorifero, in the refrigerator

C'è carne nel
frigorifero?
Sì, c'è carne
nel frigorifero.

C'è latte nel
frigorifero?
Sì, c'è latte nel
frigorifero.

C'è prosciutto nel
frigorifero?
Sì, c'è prosciutto nel
frigorifero.

C'è burro nel
frigorifero?
Sì, c'è burro nel
frigorifero.

Non c'è carne. *There isn't any meat.*
Non c'è latte. *There isn't any milk.*
Non c'è prosciutto. *There isn't any ham.*
Non c'è burro. *There isn't any butter.*

# c'è, there is, is there?

**un posto,** a seat, a place
**nel, nell',** in the  on the
**c'è posto?** is there room? are there seats?

C'è posto nel treno?
Sì, c'è posto nel treno.

C'è posto nel teatro?
Sì, c'è posto nel teatro.

SPRING LOVE

C'è posto nel cinema?
Sì, c'è posto nel
    cinema.

C'è posto nell'aero-
    plano?
Sì, c'è posto nell'aero-
    plano.

C'è posto nell'autobus?
Use **nell'** before words that begin with a vowel.

C'è posto per me? *Is there room for me?*
C'è posto per lui? *Is there room for him?*
C'è posto per lei? *Is there room for her?*

## per cena, for dinner

c'è? is there?
cioccolata, chocolate
minestra, soup

non c'è, there isn't
formaggio, cheese
gelato, ice cream

C'è minestra per cena?
No, non c'è minestra
per cena.

C'è gelato per cena?
No, non c'è gelato
per cena.

C'è formaggio per
cena?
No, non c'è formaggio
per cena.

C'è cioccolata?
No, non c'è cioccolata.

C'è gelato per me? *Is there any ice cream for me?*
C'è gelato per lei? *Is there any ice cream for her?*
C'è gelato per lui? *Is there any ice cream for him?*
C'è gelato per noi? *Is there any ice cream for us?*
C'è gelato per loro? *Is there any ice cream for them?*

100

**c'è,** there is, is there?

**nella stazione di servizio,** in the gasoline (service) station

**nell'albergo,** in the hotel          **benzina,** gasoline

**una piscina,** a swimming          **un barbiere,** a barber
    pool

**un parrucchiere,** a hairdresser

C'è benzina nella
    stazione di servizio?
Sì, c'è benzina nella
    stazione di servizio.

C'è una piscina
    nell'albergo?
Sì, c'è una piscina
    nell'albergo.

C'è un parrucchiere
    nell'albergo?
Sì, c'è un parrucchiere
    nell'albergo.

C'è un barbiere
    nell'albergo?
Sì, c'è un barbiere
    nell'albergo.

C'è una terrazza nell'albergo?
*Is there a terrace in the hotel?*

C'è un giardino nell'albergo?
*Is there a garden in the hotel?*

**ci sono,** there are, are there?

**alla stazione,** in the
 station
**valigie,** suitcases

**facchini,** porters
**bauli,** trunks

Ci sono facchini alla
stazione?
Sì, ci sono facchini
alla stazione.

Ci sono valigie alla
stazione?
Sì, ci sono valigie
alla stazione.

Ci sono bauli alla
stazione?
Sì, ci sono bauli alla
stazione.

Ci sono giornali alla
stazione?
Sì, ci sono giornali.
alla stazione.

Non ci sono riviste. *There aren't any magazines.*
Non ci sono giornali. *There aren't any newspapers.*
Non ci sono facchini. *There are no porters.*

**ci sono,** there are, are there?

**camere,** rooms      **molti turisti,** many tourists

**una camera a un letto,** a single room (of one bed)

**una camera a due letti,** a double room (of two beds)

**nell'hotel,** in the hotel

Ci sono molti turisti nell'hotel?

Sì, ci sono molti turisti nell'hotel. Ci sono turisti americani, italiani, brasiliani, eccetera (etcetera).

Ci sono camere nell'hotel?

Sì, ci sono camere nell'hotel.

C'è (is there) una camera a un letto?

Sì, c'è una camera a un letto.

C'è una camera a due letti?

Sì, c'è una camera a due letti.


Ci sono pacchi per me? *Are there any packages for me?*

Ci sono lettere per me? *Are there any letters for me?*

Ci sono ambasciate per me? *Are there any messages for me?*


ALBERGO and HOTEL both mean "hotel."

# EXERCISE

Answer the following questions:

1. C'è latte  nel frigorifero?

2. C'è prosciutto  nel frigorifero?

3. C'è posto nel treno?

4. C'è cioccolata  per cena?

5. Ci sono valigie  alla stazione?

6. Ci sono facchini  alla stazione?

7. Ci sono turisti  nell'hotel?

8. Ci sono camere nell'hotel?

The answers to these questions are on the next page.

**c'è,** there is                             **ci sono,** there are

Answers to the questions on the previous page.

1. Sì, c'è latte nel frigorifero.

2. Sì, c'è prosciutto nel frigorifero.

3. Sì, c'è posto nel treno.

4. Sì, c'è cioccolata per cena.

5. Sì, ci sono valigie alla stazione.

6. Sì, ci sono facchini alla stazione.

7. Sì, ci sono turisti nell'hotel.

8. Sì, ci sono camere nell'hotel.

# EXERCISE

Translate the following sentences:

1. There is butter in the refrigerator

2. There is milk in the refrigerator.

3. There are seats on the plane.

4. There is a barber in the hotel.

5. There is soup for dinner.

6. There are porters in the station.

7. There are many tourists in the station.

8. Is there a single room?

Check your sentences with the translations on the next page.

**c'è, there is          ci sono, there are**

Translations of the sentences on the previous page.

1. C'è burro nel frigorifero.

2. C'è latte nel frigorifero.

3. C'è posto nell'aeroplano.

4. C'è un barbiere nell'hotel.

5. C'è minestra per cena.

6. Ci sono facchini alla stazione.

7. Ci sono molti turisti alla stazione.

8. C'è una camera a un letto?

**Che è questo?** What is this?
**questo è,** this is    **un paio di,** a pair of
**un paio di pantaloni,** a pair of trousers

Che è questo?
Questo è un paio di
guanti.

Che è questo?
Questo è un paio di
scarpe.

Che è questo?
Questo è un paio di
calze.

Che è questo?
Questo è un paio di
calzini.

Che è questo?
Questo è un paio di
occhiali.

Che è questo?
Questo è un paio di
forbici.

**quanto? how much?**  **questa, this (fem.)**

**Quanto costa questa blusa?**

How much does this blouse cost? (How much costs this blouse?)

Quanto costa questa gonna?

Quanto costa questa camicia?

Quanto costa questa giacca?

Quanto costa questa cravatta?

Quanto costa questa automobile?
*How much does this automobile cost?*
Quanto costa questa vestaglia?
*How much does this robe cost?*
Quanto costa questa sottoveste?
*How much does this slip cost?*
Quanto costa questa sciarpa?
*How much does this scarf cost?*

To form the diminutive of words that end in O, remove the O and add INO. Examples:

**il piatto,** the plate

**il piattino,** the little plate, the saucer

**il cucchiaio,** the spoon

**il cucchiaino,** the little spoon, the tea spoon

**sulla tavola,** on the table

**è,** is

Il piatto è sulla tavola.

Il cucchiaio è sulla tavola.

Il piattino è sulla tavola.

Il cucchiaino è sulla tavola.

Dove è il piatto? *Where is the plate?*
Dove è il cucchiaio? *Where is the spoon?*
Dove è il cucchiaino? *Where is the tea spoon?*
Dove è il piattino? *Where is the saucer?*

To form the diminutive of words that end in A, remove the A and add INA. Example:

> **la tazza,** the cup
> **la tazzina,** the little cup
> (demitasse cup)

**sulla tavola,** on the table    **è,** is

**La tazza è sulla tavola.**

**La forchetta è sulla tavola.**

**La tazzina è sulla tavola.**

**Il coltello è sulla tavola.**

**Dove è la tazza?** *Where is the cup?*
**Dove è la forchetta?** *Where is the fork?*
**Dove è la tazzina?** *Where is the little cup?*
**Dove è il coltello?** *Where is the knife?*

**111**

**è,** is          **la tovaglia,** the tablecloth
**pulito,** clean (masc.)    **il tovagliolo,** the napkin
**pulita,** clean (fem.)     **sporco,** dirty (masc.)
**la caraffa,** the pitcher   **sporca,** dirty (fem.)

1. È pulito il cucchiaio?
   Sì, il cucchiaio è pulito.

2. È pulito il piatto?
   Sì, il piatto è pulito.

3. È sporco il tovagliolo?
   No, il tovagliolo non è sporco.
   Il tovagliolo è pulito.

4. È pulita la tovaglia?
   Sì, la tovaglia è pulita.

5. È sporca la caraffa?
   No, la caraffa non è sporca.
   La caraffa è pulita.

6. È pulito il bicchiere?
   Sì, il bicchiere è pulito.

7. È sporco il coltello?
   No, il coltello non è sporco.
   Il coltello è pulito.

**a che ora?** at what time? (at what hour?)
**la festa,** the party                    **alle due,** at two o'clock
**è,** is

A che ora è la festa?

Alle cinque.

A che ora è il concerto?

Alle otto.

A che ora è il cinema?

Alle nove.

**l'appuntamento,** the appointment
A che ora è l'appuntamento?
L'appuntamento è alle otto.

In Italian sometimes you use the word IN instead of TO. You say for example "I go in church" instead of "I go to church".

**vado,** I go
**in,** in, to, to the

**in ufficio,** to the office
**in biblioteca,** to the library

**domenica,** Sunday, on Sunday

**lunedì,** Monday, on Monday

Vado in chiesa domenica.

Vado in ufficio lunedì.

**martedì,** Tuesday, on Tuesday

**mercoledì,** Wednesday, on Wednesday

Vado in banca martedì.

Vado in biblioteca mercoledì.

Say IN before countries and continents: Vado in Italia. Vado in Africa. Vado in Australia. Vado in Germania.

**vado,** I go

**al,** to the

**giovedì,** Thursday, on Thursday

**venerdì,** Friday, on Friday

Giovedì vado al teatro.

Venerdì vado al concerto.

**sabato,** Saturday, on Saturday

**domani,** tomorrow

Sabato vado al cinema.

Domani vado al museo.

| | |
|---|---|
| **vado,** I go— | Vado al cinema domani. |
| **va,** you go—<br>he, she<br>it goes | Papà va al concerto domani.<br>Roberto va al teatro sabato. |
| **andiamo,** we go— | Andiamo al museo domani. |
| **vanno,** they go— | Vanno al cinema venerdì. |

**115**

See the two previous pages.

**che cosa fa?** what do you do?
**una settimana,** a week

| | |
|---|---|
| **lunedì,** on Monday | **venerdì,** on Friday |
| **martedì,** on Tuesday | **sabato,** on Saturday |
| **mercoledì,** on Wednesday | **domenica,** on Sunday |
| **giovedì,** on Thursday | **vado,** I go |

1. Che cosa fa domenica?
   Domenica vado in chiesa.

2. Che cosa fa lunedì?
   Lunedì vado in ufficio.

3. Che cosa fa martedì?
   Martedì vado in banca.

4. Che cosa fa mercoledì?
   Mercoledì vado in biblioteca.

5. Che cosa fa giovedì?
   Giovedì vado al teatro.

6. Che cosa fa venerdì?
   Venerdì vado al concerto.

7. Che cosa fa sabato?
   Sabato vado al cinema.

# EVERYDAY EXPRESSIONS

**Fa** is a very important word. It means many things.

## Fa:

you do, do you do?
he does, does he do?
she does, does she do?

it does, does it do?

you make, do you make?
he makes, does he make?
she makes, does she make?

it makes, does it make?

**Che cosa fa?** What are you doing? What do you do?
**Che tempo fa?** How is the weather?
**Fa caldo.** It's hot. (It makes heat.)
**Fa freddo.** It's cold. (It makes cold.)
**Fa fresco.** It's cool. (It makes fresh.)
**Fa bel tempo.** It's nice weather.
**Fa cattivo tempo.** It's bad weather.
**Fa brutto tempo.** It's bad weather. (It's ugly weather.)

## Fa is the equivalent of AGO

**Un minuto fa.** A minute ago.
**Un'ora fa.** An hour ago.
**Una settimana fa.** A week ago.
**Un mese fa.** A month ago.
**Un anno fa.** A year ago.
**Molto tempo fa.** A long time ago.
**Poco tempo fa.** A short time ago.
**Otto giorni fa.** A week ago. (Eight days ago).
**Quindici giorni fa.** Two weeks ago. (Fifteen days ago.)

117

**il mese,** the month
**i mesi,** the months

**a gennaio,** in January
**a febbraio,** in February
**a marzo,** in March
**in aprile,** in April

**c'è la neve,** there is snow
**fa freddo,** it's cold
**tira vento,** it's windy
**oggi,** today

A gennaio c'è la neve.

A febbraio fa freddo.
Oggi fa freddo.

A marzo tira vento.
Oggi tira vento.

In aprile tira vento.

C'è la neve a gennaio? *Is there snow in January?*
Fa freddo a febbraio? *Is it cold in February?*
Tira vento a marzo? *Is it windy in March?*
Tira vento in aprile? *Is it windy in April?*

# il mese, the month
## i mesi, the months

a maggio, in May

a giugno, in June

a luglio, in July

in agosto, in August

oggi, today

ci sono i fiori, there are flowers

fa caldo, it's hot

fa molto caldo, it's very hot

c'e la frutta, there is fruit

A maggio ci sono i fiori.

A giugno c'è la frutta.

A luglio fa caldo.

Oggi fa caldo.

In agosto fa molto caldo.

Oggi fa molto caldo.

Ci sono fiori a maggio? *Are there flowers in May?*

Fa caldo a luglio? *Is it hot in July?*

C'è la frutta a giugno? *Is there fruit in June?*

Fa molto caldo in agosto? *Is it very hot in August?*

## il mese, the month
## i mesi, the months

a settembre, in September

in ottobre, in October

a novembre, in November

a dicembre, in December

stamani, this morning

tira vento, it's windy

fa bel tempo, the weather is good

fa cattivo tempo, the weather is bad

piove, it rains

A settembre tira vento.

A novembre piove.

In ottobre fa bel tempo.

Stamani fa bel tempo.

A dicembre fa cattivo tempo.

Stamani fa cattivo tempo.

Fa bel tempo in ottobre? *Is the weather nice in October?*

Fa cattivo tempo a dicembre?

*Is the weather bad in December?*

Piove a novembre? *Does it rain in November?*

120

**le stagioni,** the seasons
**un anno,** a year

| | |
|---|---|
| **d'inverno,** in winter | **fa freddo,** it's cold |
| **di primavera,** in spring | **fa fresco,** it's cool |
| **d'estate,** in summer | **fa caldo,** it's hot |
| **d'autunno,** in the fall | **oggi,** today |

**D'inverno fa freddo.**
**Oggi fa freddo.**

**Di primavèra fa fresco.**

**D'estate fa caldo.**
**Oggi fa caldo.**

**D'autunno fa fresco.**
**Oggi fa fresco.**

**Fa freddo d'inverno?** *Is it cold in the winter?*
**Fa fresco di primavera?** *Is it cool in the spring?*
**Fa freddo oggi?** *Is it cold today?*
**Fa caldo oggi?** *Is it hot today?*

**121**

**posso,** I can
**posso andare,** I can go

**al,** to the
**domani,** tomorrow

Posso andare al parco
domani.

Posso andare al risto-
rante domani.

Posso andare al
cinema domani.

Posso andare al
concerto domani.

Non posso andare al concerto domani.
*I cannot go to the concert tomorrow.*
Non posso andare al cinema domani.
*I cannot go to the movies tomorrow.*
Non posso andare al parco domani.
*I cannot go to the park tomorrow.*
Può andare al cinema? *Can you go to the movies?*

**può andare?** can you go?
**posso andare,** I can go
**al teatro,** to the theater
**stamani,** this morning

**al mare,** to the seashore
**al balletto,** to the ballet
**al ballo,** to the dance
**stasera,** tonight

Può andare al mare?
Sì, posso andare al mare.

Può andare al mare stamani?
Sì, posso andare al mare stamani.

Può andare al ballo?
Sì, posso andare al ballo.

Può andare al ballo stasera?
Sì, posso andare al ballo stasera.

Può andare al balletto?
Sì, posso andare al balletto.

Può andare al balletto stasera?
Sì, posso andare al balletto stasera.

**può?** can you?  
**posso,** I can  
**stamani,** this morning  
**la cena,** dinner  

**preparare,** to prepare  
**nuotare,** to swim  
**ascoltare,** to listen  
**studiare,** to study  

Può studiare stamani?  
Sì, posso studiare  
   stamani.

Può nuotare stamani?  
Sì, posso nuotare  
   stamani.

**non posso,** I can't

Può ascoltare la radio?  
No, non posso ascoltare la radio.

Può preparare la cena?  
Sì, posso preparare la cena.

Può preparare il caffè?  
No, non posso preparare il caffè.

Può studiare l'italiano?  
Sì, posso studiare l'italiano.

Notice that the TO form of the verbs above ends in ARE in Italian. Examples: **preparare.** TO prepare  
                                      **studiare,** TO study

**può?** can you?
**posso,** I can
**con me,** with me
**con lei,** with you, with her

**lavorare,** to work
**viaggiare,** to travel
**camminare,** to walk
**invitare,** to invite

Può camminare con me?
Sì, posso camminare con lei.

Può lavorare con me?
Sì, posso lavorare con lei.

Può lavorare con Roberto?
Sì, posso lavorare con Roberto.

Può viaggiare con me?
Sì, posso viaggiare con lei.

Può invitare Roberto?
Sì, posso invitare Roberto.

Può viaggiare con Maria?
Sì, posso viaggiare con Maria.

Posso lavorare con lei. *I can work with her.*
Posso lavorare con lui. *I can work with him.*
Posso viaggiare con lei. *I can travel with her.*
Posso viaggiare con lui. *I can travel with him.*

# EXERCISE

Answer the following questions:

1. Può andare al mare?

2. Può andare al balletto?

3. Può andare al cinema?

4. Può camminare con me?

5. Può nuotare?

6. Può preparare il caffè?

7. Può ascoltare la radio?

8. Può studiare l'italiano?

The answers to these questions are on the next page.

Answers to the questions on the previous page.

1. Sì, posso andare al mare.

2. Sì, posso andare al balletto.

3. Sì, posso andare al cinema.

4. Sì, posso camminare con lei.

5. Sì, posso nuotare.

6. Sì, posso preparare il caffè.

7. Sì, posso ascoltare la radio.

8. Sì, posso studiare l'italiano.

**posso?** may I?
**può,** you may, you can
**il conto,** the check, the bill
**adesso,** now
**la valigia,** the suitcase

**nuotare,** to swim
**portare,** to carry, to take
**pagare,** to pay

**lasciare,** to leave
**mangiare,** to eat

Posso portare la valigia?
Sì, può portare la valigia.

Posso pagare il conto?
Sì, può pagare il conto.

Posso nuotare?
Sì, può nuotare.

Posso lasciare la valigia?
Sì, può lasciare la valigia.

Posso mangiare adesso?
Sì, può mangiare adesso.

Posso pagare il conto adesso?
Sì, può pagare il conto adesso.

Posso portare il pacco? *(the package)*
Sì, può portare il pacco.

Posso lasciare il pacco?
Sì, può lasciare il pacco.

**vuole?** do you want?
**voglio,** I want
**la chitarra,** the guitar
**la lezione,** the lesson

**domani,** tomorrow

**parlare,** to speak
**imparare,** to learn
**studiare,** to study
**suonare,** to play (an instrument)
**guidare,** to drive

Vuole guidare l'automobile?
Sì, voglio guidare l'automobile.

Vuole suonare la chitarra?
Sì, voglio suonare la chitarra.

Vuole parlare l'italiano?
Sì, voglio parlare l'italiano.

Vuole imparare la lezione?
Sì, voglio imparare la lezione.

Vuole studiare domani?
Sì, voglio studiare domani.

Vuole suonare il piano?
Sì, voglio suonare il piano.

Notice that the TO form of the above verbs ends in ARE in Italian. **parlare,** TO speak
**guidare,** TO drive

**le piace?** do you like?
**mi piace,** I like
**e,** and
**guidare,** to drive
**nuotare,** to swim

**cucinare,** to cook
**parlare,** to speak
**ballare,** to dance
**cantare,** to sing
**giocare,** to play (a game)

Le piace giocare a tennis?
Sì, mi piace giocare a tennis.

Le piace giocare a golf?
Sì, mi piace giocare a golf.

Le piace cucinare?
Sì, mi piace cucinare.

Le piace parlare italiano?
Sì, mi piace parlare italiano.

Le piace cantare e ballare?
Sì, mi piace cantare e ballare.

Le piace guidare l'automobile?
Sì, mi piace guidare l'automobile.

Le piace nuotare?
Sì, mi piace nuotare.

Combine the words in the left column with the words in the right column to form sentences. Follow the examples given below.

| | |
|---|---|
| **voglio**, I want | **nuotare**, to swim |
| **vuole?** do you want? | **studiare**, to study |
| **posso?** can I? may I? | **pagare**, to pay |
| **può?** can you? | **andare**, to go |
| **posso**, I can | **mangiare**, to eat |
| **può**, you, he, she, it can | **lavorare**, to work |
| **mi piace**, I like | **cucinare**, to cook |
| **le piace?** do you like? | **viaggiare**, to travel |
| **mi piacerebbe**, I would like | **ballare**, to dance |
| **le piacerebbe?** would you like? | **parlare**, to speak |
| | **preparare**, to prepare |
| | **ascoltare**, tò listen |
| | **camminare**, to walk |
| | **invitare**, to invite |
| | **lasciare**, to leave |
| | **portare**, to carry, to take |
| | **imparare**, to learn |
| | **comprare**, to buy |

## EXAMPLES:

Voglio nuotare. *I want to swim.*
Voglio andare al cinema. *I want to go to the movies.*
Le piace viaggiare? *Do you like to travel?*
Posso pagare il conto? *May I pay the bill?*
Mi piacerebbe ballare. *I would like to dance.*

You can form a great number of sentences combining the words in the columns above.

**vuole?** do you want?
**voglio,** I want
**vendere,** to sell

**la barca,** the boat
**i biglietti,** the tickets
**la casa,** the house

Vuole vendere la casa?
Sì, voglio vendere la casa.

Vuole vendere la barca?
Sì, voglio vendere la barca.

Vuole vendere l'automobile?
Sì, voglio vendere l'automobile.

Vuole vendere i biglietti?
Sì, voglio vendere i biglietti.

Roberto vuole vendere l'automobile.
*Robert wants to sell the car.*
Roberto vuole vendere la casa.
*Robert wants to sell the house.*
Roberto vuole vendere la barca.
*Robert wants to sell the boat.*

**posso vedere?** may I see?
**sì, signore,** yes, sir
**sì, signorina,** yes, miss

**un ombrello,** an umbrella
**una gonna,** a skirt
**una sciarpa,** a scarf

Posso vedere una
gonna?
Sì, signorina.

Posso vedere un
ombrello?
Sì, signore.

Posso vedere una
sciarpa?
Sì, signorina.

Posso vedere una
cravatta?
Sì, signore.

Posso vedere una radio?

Notice that the TO form of these verbs ends in ERE
in Italian. Examples: **vedere,** TO see
**vendere,** TO sell

**voglio finire, I want to finish**
**la lezione,** the lesson
**l'articolo,** the article
**il giornale,** the newspaper

**il libro,** the book
**la lettera,** the letter
**la cena,** dinner
**presto,** soon

Voglio finire il libro.

Voglio finire la lettera.

Voglio finire la cena presto.
Voglio finire l'articolo presto.
Voglio finire il giornale.
Voglio finire la lezione.

**vuole finire, he, she wants to finish**

Roberto vuole finire la lettera.
Maria vuole finire la lezione.
Daniele vuole finire il libro.
Papà vuole finire il giornale.

Vuole finire il libro?
*Do you want to finish the book?*
Vuole finire la lettera?
*Do you want to finish the letter?*

| | |
|---|---|
| **non posso,** I can't | **capire,** to understand |
| **può?** can you? | **dormire,** to sleep |
| **oggi,** today | **salire,** to go up |
| **le scale,** the steps | **sentire,** to hear, to listen |

| | |
|---|---|
| **Può sentire la radio?** | **Può salire le scale?** |
| **Sì, posso sentire la radio.** | **Sì, posso salire le scale.** |

| | |
|---|---|
| **Può capire il libro?** | **Può dormire oggi?** |
| **Sì, posso capire il libro.** | **Sì, posso dormire oggi.** |

Notice that the TO form of the above verbs ends in IRE in Italian. Examples: **dormire,** TO sleep
**capire,** TO understand

# EXERCISE

**Answer the following questions:**

1. Vuole vendere la casa?

2. Vuole vendere la barca?

3. Può sentire la radio?

4. Può salire le scale?

5. Vuole vendere i biglietti?

6. Vuole vendere l'automobile?

7. Può dormire oggi?

8. Può capire il libro?

The answers to these questions are on the next page.

voglio, I want                    posso, I can

Answers to the questions on the previous page.

    1.  Sì, voglio vendere la casa.

    2.  Sì, voglio vendere la barca.

    3.  Sì, posso sentire la radio.

    4.  Sì, posso salire le scale.

    5.  Sì, voglio vendere i biglietti.

    6.  Sì, voglio vendere l'automobile.

    7.  Sì, posso dormire oggi.

    8.  Sì, posso capire il libro.

oggi, today
ha studiato? did you study?
ho studiato, I studied
ha pagato? did you pay?
ho pagato, I paid

ha nuotato? did you swim?
ho nuotato, I swam
ha mangiato? did you eat?
ho mangiato, I ate

Ha studiato oggi?
Sì, ho studiato oggi.

Ha pagato il conto?
Sì, ho pagato il conto.

Ha nuotato oggi?
Sì, ho nuotato oggi.

Ha mangiato?
Sì, ho mangiato.

Notice that in Italian you say "I have studied" instead of "I studied," "I have paid" instead of "I paid," etc.

Past tense ending for ARE verbs: ATO.

**ha lavorato?** did you work?

**ho lavorato,** I worked

**ha viaggiato?** did you travel?

**ho viaggiato,** I traveled

**ha lasciato?** did you leave?

**ho lasciato,** I left

**ha portato?** did you bring?

**ho portato,** I brought

**molto,** much, a lot

Ha lasciato la valigia?
Sì, ho lasciato la valigia.

Ha lasciato il pacco?
Sì, ho lasciato il pacco.

Ha lavorato?
Sì, ho lavorato molto.

Ha viaggiato molto?
Sì, ho viaggiato molto.

Notice that in Italian you say "I have worked" instead of "I worked," "I have left" instead of "I left," etc.

**abbiamo viaggiato,** we traveled

**abbiamo lavorato,** we worked

**abbiamo lasciato,** we left

**abbiamo portato,** we carried, brought

**hanno viaggiato,** they traveled

**hanno lavorato,** they worked

**hanno lasciato,** they left

**hanno portato,** they carried

**ha venduto?** did you sell?
**ho venduto,** I sold
**ha veduto?** did you see?
**ho veduto,** I saw

**la barca,** the boat
**la bicicletta,** the bicycle
**il palazzo,** the building
**l'aeroplano,** the airplane

Ha venduto la barca?
Sì, ho venduto la
barca.

Ha venduto la
bicicletta?
Sì, ho venduto la
bicicletta.

Ha veduto l'aeroplano?
Sì, ho veduto
l'aeroplano.

Ha veduto il palazzo?
Sì, ho veduto il
palazzo.

In Italian "I saw" is either **ho veduto** or **ho visto.**

Past tense endings for ERE verbs: UTO.

ha finito? did you finish?
ho finito, I finished
ha sentito? did you hear?
ho sentito, I heard

ha dormito? did you
sleep?
ho dormito, I slept
bene, well

Ha finito il libro?
Sì, ho finito il libro.

Ha finito la lettera?
Sì, ho finito la lettera.

Ha dormito bene?
Sì, ho dormito bene.

Ha sentito la radio?
Sì, ho sentito la radio.

Past tense endings:
  For ARE verbs: ATO
  For ERE verbs: UTO
  For IRE verbs: ITO

abbiamo finito, we
finished

hanno finito, they
finished

141

# EXERCISE

Answer the following questions:

1. Ha pagato il conto?

2. Ha nuotato oggi?

3. Ha lasciato la·valigia?

4. Ha portato il pacco?

5. Ha venduto la barca?

6. Ha veduto l'aeroplano?

7. Ha dormito bene?

8. Ha finito il libro?

The answers to these questions are on the next page.

**ho pagato,** I paid          **ho finito,** I finished
**ho veduto,** I saw

Answers to the questions on the previous page.

1. Sì, ho pagato il conto.

2. Sì, ho nuotato oggi.

3. Sì, ho lasciato la valigia.

4. Sì, ho portato il pacco.

5. Sì, ho venduto la barca.

6. Sì, ho veduto l'aeroplano.

7. Sì, ho dormito bene.

8. Sì, ho finito il libro.

**che cosa ha fatto?** what did you do?

ho giocato a, I played (a game)

ho studiato, I studied

ho ascoltato, I listened

stamani, this morning

stasera, this evening

oggi, today

Che cosa ha fatto stamani?
Stamani ho giocato a tennis.

Che cosa ha fatto oggi?
Oggi ho giocato a golf.

Che cosa ha fatto stamani?
Stamani ho studiato l'italiano.

Che cosa ha fatto stasera?
Stasera ho ascoltato la radio.

**fare,** to make, to do

ho fatto, I did

ha fatto, you, he, she did

abbiamo fatto, we did

hanno fatto, they did

**Che cosa ha fatto?** What did you do?
**sono andato,** I went (when a man says it)
**sono andata,** I went (when a woman says it)
**al mercato,** to the market
**al lago,** to the lake

**alla libreria,** to the bookstore
**alle corse,** to the races

Che cosa ha fatto?
Sono andato alla
    libreria.
Sono andata alla
    libreria.

Che cosa ha fatto?
Sono andato al
    mercato.
Sono andata al
    mercato.

Che cosa ha fatto?
Sono andato al lago.
Sono andata al lago.

Che cosa ha fatto?
Sono andato alle corse.
Sono andata alle corse.

Sono andato all'opera.
Sono andato all'hotel.
Sono andato all'aeroporto.

**ho preso,** I took       **un,** a
  (I have taken)      **il,** the

Ho preso il treno.

Ho preso l'aeroplano.

Ho preso l'autobus.

Ho preso il piroscafo.

**prendere,** to take

| | |
|---|---|
| **ho preso,** I took | Ho preso un taxi. |
| **ha preso,** he, she, it took | Alberto ha preso l'autobus. |
| **abbiamo preso,** we took | Abbiamo preso l'aeroplano. |
| **hanno preso,** they took | Hanno preso un piroscafo. |

Ha preso il treno? *Did you take the train?*

146

**ho preso,** I took, I had (food)

**ha preso?** did you take? did you have?

**il,** the

**un,** a

Ha preso il caffè?
Sì, ho preso il caffè.

Ha preso il tè?
Sì, ho preso il tè.

Ha preso il pane?
Sì, ho preso il pane.

Ha preso il roastbeef?
Sì, ho preso il roastbeef.

**ho preso,** I took

**ha preso,** he, she, it took

**abbiamo preso,** we took

**hanno preso,** they took

Ho preso un taxi.

Mamma ha preso l'autobus.

Abbiamo preso il roastbeef.

Hanno preso il pane.

**ha letto?** did you read?
**ho letto,** I read (past)
**un articolo,** an article

**la, il,** the
**il romanzo,** the novel
**il giornale,** the newspaper

Ha letto il romanzo?
Sì, ho letto il romanzo.

Ha letto la lettera?
Sì, ho letto la lettera.

Ha letto il giornale?
Sì, ho letto il giornale.

Ha letto il menù?
Sì, ho letto il me

**leggere,** to read

**ho letto,** I read (past)
**ha letto?** did you read?
**ha letto,** he, she read

**abbiamo letto,** we read
(past)
**hanno letto,** they read
(past)

Ho letto un articolo.
Ha letto il giornale?
Roberto ha letto il
romanzo.
Abbiamo letto il menù.

Hanno letto il giornale.

**ha scritto?** did you write?
**ho scritto,** I wrote
**non ho scritto,** I didn't write
**la lista,** the list
**un romanzo,** a novel

**la cartolina,** the postcard
**l'assegno,** the check
**la lezione,** the lesson

**la lettera,** the letter
**una poesia,** a poem

Ha scritto l'assegno?
Sì, ho scritto l'assegno.

Ha scritto la cartolina?
Sì, ho scritto la cartolina.

Ha scritto la lista?
Sì, ho scritto la lista.

Ha scritto un romanzo?
No, non ho scritto un romanzo.

Ha scritto la lezione?
Sì, ho scritto la lezione.

Ha scritto la lettera?
Sì, ho scritto la lettera.

Ha scritto una poesia?
No, non ho scritto una poesia.

**scrivere,** to write

**ho messo,** I put (past)　　　**sulla tavola,** on the table

Ho messo il sale sulla
tavola.

Ho messo il pepe sulla
tavola.

Ho messo il bicchiere
sulla tavola.

Ho messo il pane sulla
tavola.

**mettere,** to put

| | |
|---|---|
| **ho messo,** I put | Ho messo il caffè sulla tavola. |
| **ha messo,** he, she put | Mamma ha messo il sale sulla tavola. |
| **abbiamo messo,** we put | Abbiamo messo il pepe sulla tavola. |
| **hanno messo,** they put | Hanno messo il pepe sulla tavola. |

Ha messo il sale sulla tavola?
*Did you put the salt on the table?*
Ha messo il pepe sulla tavola?
*Did you put the pepper on the table?*
Ha messo il pane sulla tavola?
*Did you put the bread on the table?*

# EVERYDAY EXPRESSIONS

**Una volta.** Once. One time.
**Due volte.** Twice. Two times.
**Sono stato (man) a Roma due volte.** I have been in Rome twice.
**Sono stata (woman) a Roma due volte.** I have been in Rome twice.
**Molte volte.** Many times.
**Qualche volta.** Sometimes.
**Tutte le volte.** Every time.
**Una volta ogni tanto.** Once in a while.
**Un'altra volta.** Again. Another time.
**Questa volta.** This time.
**Quella volta.** That time.
**Di tanto in tanto.** From time to time.
**Sempre.** Always.
**Mai.** Never.
**Forse.** Maybe. Perhaps.
**Tutto.** Everything.
**Niente.** Nothing.
**Senza.** Without.
**Vuole firmare questo assegno?** Will you sign this check? (Do you want to sign this check?)
**Sarebbe interessante scrivere.** It would be interesting to write.
**Sarebbe interessante andare a Roma.** It would be interesting to go to Rome.
**Ho bisogno.** I need.
**Ho bisogno di pane.** I need bread.
**Ho bisogno di studiare.** I have to study. I need to study.
**Ho bisogno di lavorare.** I have to work. I need to work.

# EXERCISE

Answer the following questions:

1. Ha preso il piroscafo?

2. Ha preso il treno?

3. Ha preso il pane?

4. Ha letto la lettera?

5. Ha letto il giornale?

6. Ha scritto l'assegno?

7. Ha scritto la cartolina?

8. Ha messo il pepe sulla tavola?

The answers to these questions are on the next page.

**ho preso,** I took, I had (food)

**ho scritto,** I wrote

**ho letto,** I read (past)

**ho messo,** I put (past)

Answers to the questions on the previous page.

1. Sì, ho preso il piroscafo.

2. Sì, ho preso il treno.

3. Sì, ho preso il pane.

4. Sì, ho letto la lettera.

5. Sì, ho letto il giornale.

6. Sì, ho scritto l'assegno.

7. Sì, ho scritto la cartolina.

8. Sì, ho messo il pepe sulla tavola

**parlo,** I talk, I speak          **con,** with
**parlo al telefono,** I talk on the phone

Parla italiano con il
dottore?
Sì, parlo italiano con il
dottore.

Parla italiano con il
dentista?
Sì, parlo italiano con
il dentista.

Parla al telefono?
Sì, parlo al telefono.

Parla italiano con il
professore?
Sì, parlo italiano con il
professore.

**parlo,** I speak                  Parlo con Roberto.
**parla,** he, she speaks           Maria parla italiano.
**parliamo,** we speak              Parliamo inglese
                                    (English).
**parlano,** they speak             Parlano inglese.

**il presidente parla,** the president speaks

**rapidamente,** fast

**alla,** on the

**lentamente,** slowly

Il presidente parla alla televisione.

Il presidente parla alla radio.

Maria parla lentamente.
Alberto parla rapidamente.

**molto,** *much, a lot, very*

Roberto parla molto.
Daniele parla molto rapidamente.

**Parla molto Roberto?** *Does Robert talk a lot?*
**Parla rapidamente Roberto?** *Does Robert speak fast?*
**Parla lentamente Roberto?** *Does Robert speak slowly?*

**suona?** do you play?
(an instrument)
**suono,** I play (an
instrument)

**la,** the (feminine)
**il,** the (masculine)
**l',** the (before words that
begin with a vowel)

Suona la chitarra?
Sì, suono la chitarra.

Suona il piano?
Sì, suono il piano.

Suona il violino?
No, non suono il
violino.

Suona l'organo?
No, non suono
l'organo.

**suonare,** to play

**suono,** I play
**suona?** do you play?
**suona,** he, she plays
**suoniamo,** we play
**suonano,** they play

Suono la chitarra.
Suona il violino?
Roberto suona la chitarra.
Suoniamo il piano.
Suonano l'organo.

**gioca?** do you play?
(a game)
**gioco,** I play

**a carte,** (at) cards

**a tennis,** (at) tennis

Gioca a tennis?
Sì, gioco a tennis.

Gioca a golf?
Sì, gioco a golf.

Gioca a baseball?
No, non gioco a
baseball.

Gioca a carte?
No, non gioco a carte.

**giocare,** to play

**gioco,** I play
**gioca,** do you play?
**gioca,** he, she plays
**giochiamo,** we play
**giocano,** they play

Gioco a carte.
Gioca a tennis?
Roberto gioca a golf.
Giochiamo a carte.
Giocano a baseball.

157

**dove lavora?** where do
    you work?
**lavoro,** I work
**una agenzia di turismo,**
    a tourist agency

**una scuola,** a school
**una fabbrica,** a factory
**una biblioteca,** a library
**un negozio,** a store
**un ufficio,** an office

Dove lavora?
Lavoro in un negozio.

Dove lavora?
Lavoro in una banca.

Dove lavora?
Lavoro in una agenzia di turismo.

Dove lavora?
Lavoro in una scuola.

Dove lavora?
Lavoro in un ufficio.

**Lavora in banca?** *Do you work in a bank?*
**Dove lavora Roberto?** *Where does Robert work?*
**Roberto lavora in una fabbrica.** *Robert works in a factory.*
**Dove lavora Maria?**
**Maria lavora in una biblioteca.**
**Alberto lavora in un garage.**
**Daniele lavora in un hotel.**
**Il professore lavora in una università.**

**lavoro,** I work
**lavora,** you work,
    he, she works

**lavoriamo,** we work
**lavorano,** they work

**dove abita?** where do you live?
**abito,** I live

**appartamento,** apartment
**una pensione,** a boarding house

Dove abita?
Abito in una casa.

Dove abita?
Abito in un appartamento.

Dove abita?
Abito in Italia.

Dove abita?
Abito in un hotel.

Abita in un appartamento? *Do you live in an apartment?*
Sì, abito in un appartamento.

Dove abita Roberto? *Where does Robert live?*
Roberto abita in via Veneto. *Robert lives on Veneto Street.*
Dove abita Luisa? Luisa abita a Roma.
Dove abita Alberto? Alberto abita in una pensione.

**abitare,** to live

**abito,** I live
**abita,** you live
  he, she lives

**abitiamo,** we live
**abitano,** they live

# EXERCISE

Answer the following questions:

1. Parla italiano con il dottore?

2. Parla al telefono?

3. Suona la chitarra?

4. Gioca a tennis?

5. Lavora in banca?

6. Abita in una casa?

7. Suona il piano?

8. Abita in un appartamento?

The answers to these questions are on the next page.

**parlo,** I speak  
**abito,** I live  

**lavoro,** I work  
**gioco,** I play (a game)  

Answers to the questions on the previous page.

1. Sì, parlo italiano con il dottore.

2. Sì, parlo al telefono.

3. Sì, suono la chitarra.  
   No, non suono la chitarra.

4. Sì, gioco a tennis.  
   No, non gioco a tennis.

5. Sì, lavoro in banca.  
   No, non lavoro in banca.

6. Sì, abito in una casa.  
   No, non abito in una casa.

7. Sì, suono il piano.  
   No, non suono il piano.

8. Sì, abito in un appartamento.  
   No, non abito in un appartamento.

The present tense of ARE verbs is formed by removing the ARE and adding the following endings:

| I | O | IAMO | we |
|---|---|------|-----|
| you<br>he, she, it | A | ANO | you (pl.)<br>they |

**EXAMPLES**
COMPRARE, to buy

| I buy | COMPRO | COMPRIAMO | we buy |
|-------|--------|-----------|--------|
| you buy<br>he, she buys | COMPRA | COMPRANO | you (pl.) buy<br>they buy |

Below you will find the complete translation of the above chart.

**Comprare, to buy**

**Compro,** I buy, I am buying
**Compra,** you buy, do you buy?
      he buys, does he buy?
      she buys, does she buy?
      you are buying, are you buying?
      he is buying, is he buying?
      she is buying, is she buying?
**Compriamo,** we buy, we are buying
**Comprano,** you (pl.) buy, do you (pl.) buy?
      they buy, do they buy?
      you (pl.) are buying, are you (pl.) buying?
      they are buying, are they buying?

# LIST OF REGULAR "ARE" VERBS

To form the present tense of these verbs, remove ARE and add the following endings:

| I | O | IAMO | we |
|---|---|------|-----|
| you<br>he, she, it | A | ANO | you (pl.)<br>they |

**dare,** to give
**portare,** to carry
**studiare,** to study
**imparare,** to learn
**comprare,** to buy
**parlare,** to speak
**cantare,** to sing
**ballare,** to dance
**mangiare,** to eat
**viaggiare,** to travel
**nuotare,** to swim
**pagare,** to pay
**lavorare,** to work
**preparare,** to prepare
**ascoltare,** to listen
**invitare,** to invite
**lasciare,** to leave (a thing)
**suonare,** to play
   (an instrument)

**domandare,** to ask
**cominciare,** to begin
**arrivare,** to arrive
**salutare,** to greet
**chiamare,** to call
**provare,** to try
**ricordare,** to remember
**guardare,** to look at
**aiutare,** to help
**camminare,** to walk
**cambiare,** to change
**assaggiare,** to taste
**guadagnare,** to earn
**mandare,** to send
**stirare,** to iron
**lavare,** to wash
**trovare,** to find
**affittare,** to rent
**giocare,** to play (a game)

**la matita,** the pencil

**scrivo,** I write, I am writing

**scrive?** do you write? are you writing?

**a macchina,** on the typewriter

**con,** with

**una,** a (feminine)

Scrive con la matita?
Sì, scrivo con la matita.

Scrive a macchina?
Sì, scrivo a macchina.

Scrive con la penna?
Sì, scrivo con la penna.

Scrive una lettera?
Sì, scrivo una lettera.

**scrivere,** to write

**scrivo,** I write

**scrive,** he, she writes

**scriviamo,** we write

**scrivono,** they write

Scrivo una lettera.

Alberto scrive con la penna.

Scriviamo con la matita.

Scrivono a macchina.

**legge?** do you read? are you reading?
**leggo,** I read, I am reading    **molto,** very
**giornali,** newspapers    **riviste,** magazines
**romanzi,** novels    **interessanti,** interesting
**belli,** nice    **sono,** they are

Legge romanzi?
Sì, leggo romanzi
  italiani; sono molto
  belli.

Legge giornali?
Sì, leggo giornali
  italiani; sono molto
  interessanti.

Legge riviste italiane?
Sì, leggo riviste italiane; sono molto interessanti.

**leggo,** I read    Leggo molto.
**legge,** he, she reads    Roberto legge molto.
**leggiamo,** we read    Leggiamo romanzi.
**leggono,** they read    Leggono molto.

**stamani,** this morning
**oggi,** today
**prende?** are you taking? do you take?
**prendo,** I am taking, I take

**stasera,** tonight
**adesso,** now

Prende il treno
  stamani?
Sì, prendo il treno
  stamani.

Prende l'aeroplano
  stasera?
Sì, prendo l'aeroplano
  stasera.

Prende il taxi adesso?
Sì, prendo il taxi
  adesso.

Prende l'autobus oggi?
Sì, prendo l'autobus
  oggi.

Prendo il caffè la mattina.
*I have (take) coffee in the morning.*

**prendere,** to take

**prendo,** I take
**prende,** he, she takes

**prendiamo,** we take
**prendono,** they take

**ride?** do you laugh?
**rido,** I laugh
**vede?** do you see?
**vedo,** I see

**quando,** when
**buffo,** funny
**nel circo,** in the circus
**il pagliaccio,** the clown

Ride quando vede il pagliaccio nel circo?
Sì, rido quando vedo il pagliaccio nel circo.
È buffo il pagliaccio?  Sì, il pagliaccio è buffo.

Ride quando vede la scimmia nel circo?
Sì, rido quando vedo la scimmia nel circo.
È buffa la scimmia? Sì, la scimmia è buffa.

Ride quando vede l'elefante nel circo?
Sì, rido quando vedo l'elefante nel circo.

**dorme?** do you sleep?
**dormo,** I sleep
**sul divano,** on the sofa

**apre?** do you open?
**apro,** I open
**sul letto,** on the bed

Dorme sul divano?
No, non dormo sul
divano.

Dorme sul letto ?
Sì, dormo sul letto.

Apre la porta?
Sì, apro la porta.

Apre la finestra?
Sì, apro la finestra.

**aprire,** to open
**apro,** I open
**apre,** he, she opens
**apriamo,** we open
**aprono,** they open

**dormire,** to sleep
**dormo,** I sleep
**dorme,** he, she sleeps
**dormiamo,** we sleep
**dormono,** they sleep

**168**

# TELLING TIME

## Che ora è? What time is it? (What hour is it?)

1:00—**È l'una.** It's one o'clock.
2:00—**Sono le due.** It's two o'clock.
3:00—**Sono le tre.** It's three o'clock.
4:00—**Sono le quattro.** It's four o'clock.
5:00—**Sono le cinque.** It's five o'clock.
6:00—**Sono le sei.** It's six o'clock.
7:00—**Sono le sette.** It's seven o'clock.
8:00—**Sono le otto.** It's eight o'clock.
9:00—**Sono le nove.** It's nine o'clock.
10:00—**Sono le dieci.** It's ten o'clock.
11:00—**Sono le undici.** It's eleven o'clock.
12:00—**Sono le dodici.** It's twelve o'clock.

8:15—**Sono le otto e un quarto.** It's a quarter past eight.
8:30—**Sono le otto e mezzo.** It's eight thirty.
8:45—**Sono le otto e tre quarti.** It's eight forty five.
8:10—**Sono le otto e dieci.** It's eight ten.
10 to 8—**Sono le otto meno dieci.** It's ten to eight.

**partire,** to leave

**parto,** I leave
**parte,** you leave
he, she, it
leaves

**partiamo,** we leave
**partono,** they leave

**A che ora parte?** *At what time do you leave?*
**Parto alle dieci.** *I leave at ten o'clock.*

**suo padre,** your father
**suo zio,** your uncle

**A che ora parte il treno?**
*At what time does the train leave?*
*(At what hour leaves the train?)*

### A che ora parte il piroscafo?

### A che ora parte l'aeroplano?

### A che ora parte l'autobus?

### A che ora parte l'elicottero?

A che ora parte il treno?
A che ora parte Roberto?
A che ora parte suo padre?
A che ora parte suo zio?

**partire,** to leave

**Il piroscafo parte alle due.** *The boat leaves at two o'clock.*

**alle due,** at two o'clock

A che ora arriva il treno?
*At what time does the train arrive?*
*(At what hour arrives the train?)*

A che ora arriva il treno?
Il treno arriva alle due.

A che ora arriva il piroscafo?
Il piroscafo arriva alle cinque.

A che ora arriva l'autobus?
L'autobus arriva alle otto.

A che ora arriva l'aeroplano?
L'aeroplano arriva alle dieci.

**arrivare,** to arrive, to get there, to get here

**arrivo,** I arrive
**arriva,** you arrive, he,
   she, it arrives

**arriviamo,** we arrive
**arrivano,** they arrive

# EXERCISE

**Answer the following questions:**

1. Scrive con la matita?

2. Scrive a macchina?

3. Scrive una lettera?

4. Legge romanzi italiani?

5. Prende il treno?

6. Prende l'autobus?

7. Dorme sul letto?

8. Apre la porta?

The answers to these questions are on the next page.

**apro, I open**

**scrivo, I write**          **prendo, I take, I'm taking**
**leggo, I read**            **dormo, I sleep**

Answers to the questions on the previous page.

1. Sì, scrivo con la matita.

2. Sì, scrivo a macchina.
   No, non scrivo a macchina.

3. Sì, scrivo una lettera.

4. Sì, leggo romanzi italiani.

5. Sì, prendo il treno.
   No, non prendo il treno.

6. Sì, prendo l'autobus.
   No, non prendo l'autobus.

7. Sì, dormo sul letto.

8. Sì, apro la porta.

The present tense of ERE and IRE verbs is formed by removing the ERE or the IRE and adding the following endings:

| I | O | IAMO | we |
|---|---|------|-----|
| you | E | ONO | you (pl.) |
| he, she, it | | | they |

## EXAMPLES

| VENDO | VENDIAMO |   | DORMO | DORMIAMO |
|-------|----------|---|-------|----------|
| VENDE | VENDONO |   | DORME | DORMONO |

Below you will find the complete translation of the above charts.

### Vendere, to sell

**Vendo,** I sell, I am selling
**Vende,** you sell, do you sell?
  he sells, does he sell?
  she sells, does she sell?
  you are selling, are you selling?
  he is selling, is he selling?
  she is selling, is she selling?
**Vendiamo,** we sell, we are selling
**Vendono,** you (pl.) sell, do you (pl.) sell?
  they sell, do they sell?
   you (pl.) are selling, are you (pl.) selling?
  they are selling, are they selling?

### Dormire, to sleep

**Dormo,** I sleep, I am sleeping
**Dorme,** you sleep, do you sleep?
        he sleeps, does he sleep?
        she sleeps, does she sleep?
        you are sleeping, are you sleeping?
        he is sleeping, is he sleeping?
        she is sleeping, is she sleeping?
**Dormiamo,** we sleep, we are sleeping
**Dormono,** you (pl.) sleep, do you (pl.) sleep?
        they sleep, do they sleep?
        you (pl.) are sleeping, are you (pl.) sleeping?
        they are sleeping, are they sleeping?

---

To form the present tense of these verbs remove ERE or IRE and add the following endings:·

| I | O | IAMO | we |
|---|---|------|----|
| you | E | ONO | you (pl.) |
| he, she, it | | | they |

### LIST OF REGULAR "ERE" VERBS

**cadere,** to fall
**conoscere,** to know
**crescere,** to grow
**godere,** to enjoy
**piovere,** to rain
**ricevere,** to receive
**vedere,** to see
**vendere,** to sell

### LIST OF REGULAR "IRE" VERBS

**divertire,** to amuse
**dormire,** to sleep
**cucire,** to sew
**empire,** to fill
**fuggire,** to run away
**partire,** to leave
**sentire,** to hear, to feel

**tutto il giorno,** all day
**in casa,** at home
**in campagna,** in the country

**in salotto,** in the living room
**in cucina,** in the kitchen
**in ufficio,** in the office

In Italian you don't say "I stayed". You say instead "I am stayed" (**sono restato**). If you are a man, you use this in the masculine form and say **"sono restato."** If you are a woman, you use the feminine form and say **"sono restata."**

**sono restato,** I stayed, (when a man says it)
**sono restata,** I stayed (when a woman says it)

Sono restato in casa.
Sono restata in casa.

Sono restato in ufficio.
Sono restata in ufficio.

Sono restato in campagna tutto il giorno.
Sono restata in campagna tutto il giorno.
Sono restato in cucina tutto il giorno.
Sono restata in cucina tutto il giorno.
Sono restato in salotto tutto il giorno.
Sono restata in salotto tutto il giorno.

**è restato?** did you stay? (man)
**è restata?** did you stay? (woman)
**sono restato,** I stayed (man)
**sono restata,** I stayed (woman)
**al mare,** at the seashore     **al parco,** in the park
**tutta la settimana,** all week    **a Firenze,** in Florence

È restato al parco?     È restato al mare?
Sì, sono restato al     Sì, sono restato al
   parco.              mare.
È restata al parco?     È restata al mare?
Sì, sono restata al     Sì, sono restata al
   parco.              mare.

È restato a Firenze tutta la settimana?
Sì, sono restato a Firenze tutta la settimana.

È restata a Firenze tutta la settimana?
Sì, sono restata a Firenze tutta la settimana.

Roberto è restato a Roma.
Maria è restata a Roma.
Alberto è restato all'hotel.
Maria è restata al club.

See previous page.
**Restato** (stayed) has masculine, feminine, singular and plural forms. Think of it as if it were an adjective.

| | |
|---|---|
| **restato** (man) | **restati** (men) |
| **restata** (woman) | **restate** (women) |

**sono restati,** they stayed, did they stay? (men)
**sono restate,** they stayed, did they stay? (women)
**siamo restati,** we stayed (men)
**siamo restate,** we stayed (women)

Sono restati al parco?
Sì, sono restati al
    parco.
Sono restate al parco?
Sì, sono restate al
    parco.

Sono restati al mare?
Sì, sono restati al mare.
Sono restate al mare?
Sì, sono restate al
    mare.

    Siamo restati all'hotel.
    Siamo restate all'hotel.
    Siamo restati a Roma tutta la settimana.
    Siamo restate a Firenze tutta la settimana.
    Siamo restati in casa tutto il giorno.

| I am | SONO | SIAMO | we are |
|------|------|-------|--------|
| you are<br>he, she, it is | È | SONO | you (pl.) are<br>they are |

The past tense of the following verbs is formed with the verbs in the chart above.

**Sono venuto.** I came (I am come).
**Sono andato.** I went (I am gone).
**Sono uscito.** I went out (I am gone out).
**Sono entrato.** I went in (I am gone in).
**Sono stato.** I was (I am been).
**Sono salito.** I went up (I am gone up).
**Sono sceso.** I went down (I am gone down).
**Sono tornato.** I returned (I am returned).
**Sono partito.** I left (I am left).
**Sono nato.** I was born (I am born).
**Sono arrivato.** I arrived (I am arrived), I got here.

Remember that all these verbs go into the masculine, feminine, singular and plural forms.
Examples:

**venuto** (man)
**venuta** (woman)

**venuti** (men)
**venute** (women)

**partito** (man)
**partita** (woman)

**partiti** (men)
**partite** (women)

List of words in the composition on the next page.

# ROMA

**città**, city
**bellissima**, most beautiful
**ci sono**, there are
**molte**, many
**e**, and
**è**, is
**parchi**, parks
**i palazzi**, the buildings
**interessanti**, interesting
**con piacere**, with pleasure
**sono andato**, I went
**l'estate passata**, last summer
**sono arrivato**, I arrived
**meraviglioso**, marvelous
**chiese**, churches
**veramente**, truly
**musei**, museums
**tutto il giorno**, all day
**ho camminato**, I walked
**le strade**, the streets
**ho visto**, I saw
**cose**, things
**con tutti**, with everybody
**ho comprato**, I bought
**ricordi**, souvenirs
**i piatti**, the dishes
**ristoranti**, restaurants
**una visione**, a view
**di notte**, at night

# ROMA

Roma è una città bellissima. A Roma ci sono molte fontane e parchi.

**Una fontana romana**

I palazzi romani sono molto interessanti. I turisti visitano Roma con piacere.

Sono andato (andata) a Roma l'estate passata. Sono arrivato (arrivata) a Roma in aeroplano. Il panorama di Roma dall'aeroplano è meraviglioso. Molte piazze, molte chiese  e molti palazzi sono illuminati di notte. È una visione veramente bella.

A Roma ho visitato chiese, musei, e palazzi tutto il giorno.

Ho camminato per le strade, ho visto cose interessanti, ho parlato italiano con tutti, e ho comprato ricordi di Roma.

Ci sono molti ristoranti meraviglio-si a Roma. I piatti italiani sono vera-mente deliziosi.

**deve?** do you have to? must you? should you?

**devo,** I must, I have to, I ought, I've got to

**comprare,** to buy

**andare,** to go

**lavorare,** to work

**invitare,** to invite

**vedere,** to see

**adesso,** now

Deve comprare un
  biglietto?
Sì, devo comprare un
  biglietto.

Deve studiare?
Sì, devo studiare.

Deve lavorare adesso?
Sì, devo lavorare adesso.

Devo invitare Roberto.
Devo andare a Roma.
Deve vedere il film. *You must see the film.*
Deve vedere Roma.

**devo,** I ought, must

**deve,** you ought, must
  he, she, it ought,
  must

**dobbiamo,** we ought,
  must

**devono,** they ought, must

VIA means AWAY
Devo andare via. *I must go away.*

**vede?** do you see?
**lo vedo,** I see it (masc.)
**la vedo,** I see it (fem.)

**Il vassoio,** the tray
**il vaso,** the vase
**la bottiglia,** the bottle

Vede il vassoio?
Sì, lo vedo.

Vede il vaso?
Sì, lo vedo.

Vede la bottiglia?
Sì, la vedo.

Vede la sedia?
Sì, la vedo.

LO means IT (masculine) and HIM
LA means IT (feminine) and HER
MI means ME

**Lo vedo.** I see him. **La vedo.** I see her.
**Lo conosco.** I know him. **La conosco.** I know her.
**Lo chiamo.** I call him. **La chiamo.** I call her.
**Mi aiuta.** He helps me. **La aiuto.** I help her.
**Mi chiama.** He calls me.
**Mi conosce.** He knows me.

**vede?** do you see?
**li vedo,** I see them (masc.)
**le vedo,** I see them (fem.)

**i ragazzi,** the boys
**le ragazze,** the girls
**le stelle,** the stars

Vede le ragazze?
Sì, le vedo.

Vede i ragazzi?
Sì, li vedo.

Vede i fiori?
Sì, li vedo.

Vede le stelle?
Sì, le vedo.

LI means THEM, things and people (masculine)
LE means THEM, things and people (feminine)
CI means US

Vede Daniele e Roberto? Sì, li vedo.

Vede Maria e Luisa? Sì, le vedo.
**Ci vede?** *Do you see us?*

185

**gli,** TO him
**le,** TO her

**ha parlato?** did you talk?
**gli ha parlato?** did you talk to him?
**le ha parlato?** did you talk to her?
**gli ho parlato,** I talked to him
**le ho parlato,** I talked to her

**ieri,** yesterday                **stamani,** this morning
**oggi,** today                    **stasera,** tonight

Ha parlato a Roberto?
Sì, gli ho parlato.

Gli ha parlato stamani?
No, gli ho parlato stasera.

Ha parlato a Maria?
Sì, le ho parlato.

Le ha parlato ieri?
No, le ho parlato oggi.

**gli parlo,** I talk to him        **le parlo,** I talk to her

Remember:
LO means him. GLI means TO him.
LA means her. LE means TO her.

## gli, TO them

**ha parlato?** did you talk?
**gli ha parlato?** did you talk to them?
**gli ho parlato,** I talked to them

**Ha parlato a Roberto e Maria?**
**Sì, gli ho parlato.**
**Ha parlato a Daniele e Alberto?**
**Sì, gli ho parlato.**

| to me | MI | CI | to us |
|-------|-----|-----|--------|
| to you | LE | GLI | to you (pl.) |
| to him | GLI | | to them |
| to her | LE | | |

**Maria mi ha parlato stamani.**
*Mary talked to me this morning.*

**Le ha parlato stamani Roberto?**
*Did Robert talk to you this morning?*

**Luisa gli ha parlato ieri.**
*Luisa talked to him (to them) yesterday.*

**Alberto le ha parlato oggi.** *Albert talked to her today.*

**Roberto ci ha parlato stasera.**
*Robert talked to us this evening.*

**Le abbiamo parlato ieri.** *We talked to her yesterday.*

**Gli hanno parlato stasera.** *They talked to him tonight.*

Note: GLI (to them) is the form most used in conversation. However you will also hear the word LORO (to them).

**me lo,** it to me

**glielo,** it to you, him, her, them

**ha portato?** did he bring? did he take? he brought, he
  took

**Le ha portato il pacco?**
*Did he bring the package to you?*
Me lo ha portato. *He brought it to me.*

Le ha portato il pacco?
Sì, me lo ha portato.

Ha portato il pacco a Maria?
Sì, glielo ho portato.

Ha portato il pacco a Roberto?
Sì, glielo ho portato.

Ha portato il pacco a Daniele e Alberto?
Sì, glielo ho portato.

| it to me | ME LO | CE LO | it to us |
|---|---|---|---|
| it to you | GLIELO | GLIELO | it to them |
| him, her | | | it to you (pl.) |

Pronouns are added on to verbs in the TO form.
Remove the final E and add the pronoun.

**Voglio comprarlo.** I want to buy it.
**Voglio vederlo.** I want to see him, it.
**Voglio vederla.** I want to see her.
**Voglio vederle.** I want to see them (feminine).
**Voglio vederli.** I want to see them (masculine).
**Voglio parlargli.** I want to talk TO him.
**Voglio parlarle.** I want to talk TO her, TO you.
**Voglio parlargli.** I want to talk TO them.

### dare, to give

**Voglio darglielo.** I want to give it to you, to him, to her.
**Vuole darmelo?** Do you want to give it to me?
**Vuole darcelo?** Do you want to give it to us?

**Voglio vederlo domani.** I want to see him, (it) tomorrow.
**Voglio farlo domani.** I want to do it tomorrow.
**Glielo ho detto.** I told him (it to him).
**Me lo ha detto.** He told me (it to me).
**Ce lo ha detto.** He told us (it to us).

**Vuole parlargli?** Do you want to talk to him?
**Vuole parlarle?** Do you want to talk to her?

**Vogliamo darglielo.** We want to give it to him.
**Vogliono vederli.** They want to see them (masculine).
**Vogliono vederle.** They want to see them (feminine).

# VENEZIA

a Venezia, in Venice
una città, a city
famosa, famous
è, is
e, and
ci sono, there are
sempre, always
molti, many
nella piazza principale, in the main square
parlano, they talk
molti palazzi, many buildings
bellissima, most beautiful
anche, also
piccioni, pigeons
la chiesa, the church
invece, instead, on the other hand
seduti, seated
davanti, at, in front of
tavolini, little tables
la gente, the people
ragazzi, boys
ragazze, girls
la loro bellezza, their beauty
le donne, the women
gli uomini, the men
sono, are
romantiche, romantic

# VENEZIA

**Una gondola veneziana**

Venezia è una città famosa. A Venezia ci sono sempre molti turisti. Nella piazza principale i turisti e i veneziani parlano con molto entusiasmo.

Nella piazza ci sono molti palazzi e una chiesa bellissima. Ci sono anche moltissimi piccioni.

I turisti fotografano i piccioni, i palazzi e la chiesa. I veneziani, invece, prendono il caffè seduti davanti ai tavolini e parlano della gente che passa. Passano bellissimi ragazzi e bellissime ragazze. Le ragazze veneziane sono famose per la loro bellezza. Le donne e gli uomini veneziani sono molto eleganti.

A Venezia ci sono gondole invece di automobili. Le gondole sono molto romantiche.

# EVERYDAY EXPRESSIONS

**Piove.** It's raining.
**Nevica.** It's snowing.
**Tira vento.** It's windy.
**Va bene.** It's alright. It's OK.
**D'accordo.** I agree.
**Invece.** Instead. On the other hand.
**Appunto.** Just so.
**Permesso?** May I come in?
**Dipende.** It depends.
**Inteso.** Agreed.
**Già.** Already.
**Certo.** Certainly. Of course.
**Certamente.** Certainly, of course.
**Naturalmente.** Naturally.
**Sicuro.** Sure. Surely.
**Basta.** That's enough.
**Ho abbastanza denaro.** I have enough money.
**Mi sembra di sì.** I think so.
**Mi dispiace.** I am sorry.
**Non importa.** It does not matter.
**Si accomodi.** Come in. Sit down. Make yourself comfortable.
**Credo di sì.** I think so.
**Credo di no.** I don't think so.
**Spero di sì.** I hope so.
**Spero di no.** I hope not.

**comprerà?** will you buy?
**comprerò,** I'll buy
**per sua madre,** for your
    mother

**un portafoglio,** a wallet
**un regalo,** a gift
**una cartella,** a briefcase

Comprerà un
    portafoglio in Italia?
Sì, comprerò un
    portafoglio in Italia.

Comprerà vestiti in
    Italia?
Sì, comprerò vestiti in
    Italia.

Comprerà un regalo per sua madre?
Sì, comprerò un regalo per mia madre.

Comprerà una cartella per suo padre?
Sì, comprerò una cartella per mio padre.

**compreremo,** we'll buy
**compreranno,** they'll buy

Compreremo un regalo.
Maria e Roberto
    compreranno una
    cartella.

Compreranno vestiti Maria e Luisa?
*Will Mary and Luisa buy dresses?*

Roberto comprerà un regalo per sua madre.
*Robert will buy a gift for his mother.*

**nuoterà?** will you swim?
**nuoterò,** I'll swim
**tornerò,** I'll come back
**tornerà?** will you come back?

**domani,** tomorrow
**nella piscina,** in the swimming pool
**tardi,** late
**presto,** early, soon

Nuoterà nella piscina?
Sì, nuoterò nella piscina.

Nuoterà domani?
Sì, nuoterò domani.

Tornerà domani?
Sì, tornerò domani.

Tornerà presto?
Sì, tornerò presto.

Tornerà tardi?
No, non tornerò tardi.

**nuoterò,** I'll swim
**nuoterà,** he, she, it will swim
**nuoteremo,** we'll swim
**nuoteranno,** they'll swim

**tornerò,** I'll get back
**tornerà,** he, she, it'll get back
**torneremo,** we'll get back
**torneranno,** they'll get back

Torneremo presto. Torneranno presto.
Nuoteremo domani. Nuoteranno domani.
Torneranno domani?
*Will they get back tomorrow?*
Nuoteranno domani?
*Will they swim tomorrow?*

**si metterà?** will you wear? (will you put on?)
**mi metterò,** I'll wear (I'll put on)
**prenderà?** will you take?   **per uscire,** to go out
**prenderò,** I'll take   **stasera,** tonight
**un cappello,** a hat   **la spiaggia,** the beach
**per,** гor   **un vestito da sera,** an
   evening gown

Si metterà un vestito    Si metterà un costume
   da sera?    da bagno?
Sì, mi metterò un    Sì, mi metterò un
   vestito da sera.    costume da bagno.

Si metterà un cappello per uscire?
Sì, mi metterò un cappello per uscire.
Si metterà un costume da bagno per la spiaggia?
Sì, mi metterò un costume da bagno per la spiaggia.
Prenderà un taxi stasera?
Sì, prenderò un taxi stasera.

**prenderemo,** we'll take   Prenderemo un taxi.
**prenderanno,** they'll take   Prenderanno
   l'automobile.

Prenderanno l'automobile stasera?
*Will they take the car tonight?*

**andrà?** will you go?  
**andrò,** I'll go  
**avrà?** will you have?  
**avrò,** I'll have  
**se avrò,** if I have, if I'll have

**soldi,** money  
**tempo,** time  
**nuoterò,** I'll swim  
**spiaggia,** beach

Andrà in Italia?  
Sì, se avrò soldi,  
    andrò in Italia.

Andrà alla spiaggia?  
Sì, se avrò un'automo-  
    bile, andrò alla  
    spiaggia.

Se avrò tempo, nuoterò.  
Se avrò tempo, andrò alla spiaggia.

**avremo,** we'll have  
**avranno,** they'll have

**andremo,** we'll go  
**andranno,** they'll go

Se avremo soldi, andremo in Italia.  
Se avranno soldi, andranno in Italia.  
Se avremo un'automobile, andremo alla spiaggia.  
Se avranno un'automobile, andranno alla spiaggia.

Andranno in Italia Maria e Roberto?  
*Will Mary and Robert go to Italy?*

Andranno in Italia, se avranno tempo?  
*Will they go to Italy, if they (will) have time?*

197

**se sarà bel tempo,** if it's (will be) nice weather
**se sarà brutto tempo,** if it's (will be) bad weather

**sarò,** I'll be
**contento,** happy
**triste,** sad

**uscirò,** I'll go out
**starò,** I'll be, I'll stay
**a casa,** at home

Se sarà bel tempo,
sarò contento
(contenta).

Se sarà brutto tempo,
sarò triste.

Se sarà bel tempo, uscirò.
Se sarà brutto tempo, starò a casa.

**saremo,** we'll be
**saranno,** they'll be

**usciremo,** we'll go out
**usciranno,** they'll go out

Se sarà bel tempo, saremo contenti (contente).
Se sarà brutto tempo, saremo tristi.
Se sarà bel tempo, usciremo.
Se sarà brutto tempo, non usciranno.
Se sarà bel tempo, saranno contenti (contente).

Sarà contento, se sarà bel tempo?
*Will you be happy, if it is (will be) nice weather?*
Usciranno?
*Will they go out? Are they going out?*

198

**quando partirà?** when are you leaving? (will you leave?)
**quando finirà?** when will you finish?
**partirò,** I'll leave          **domani,** tomorrow
**finirò,** I'll finish          **sabato,** on Saturday

Quando finirà il libro?     Quando finirà la
Finirò il libro domani.          lettera?
                            Finirò la lettera
                                domani.

Quando partirà? Partirò sabato.
Quando partirà Roberto? Roberto partirà domani.

Quando verrà? *When are you coming?*
Verrò sabato. *I'll come on Saturday.*
Quando vedrà Roberto? *When will you see Robert?*
Vedrò Roberto sabato. *I'll see Robert on Saturday.*
Quando potrà andare? *When can you go?*
Potrò andare domani. *I'll be able to go tomorrow.*
Quando dovrà partire? *When do you have to leave?*
Dovrò partire presto. *I'll have to leave soon.*

**verrò,** I'll come          **verrà,** you, he, she, will come
**vedrò,** I'll see           **vedrà,** you, he, she, will see
**dovrò,** I'll have to       **dovrà,** you, he, she, will have to
**potrò,** I'll be able to    **potrà,** you, he, she, will be able to

List of words in the composition on the next page.

## UNA GITA AL MARE

**una gita al mare,** a trip to the seashore
**è venuta l'estate,** summer is here, summer has come
**domenica,** Sunday
**per la prima volta,** for the first time
**andrò al mare,** I'll go to the seashore
**con alcuni amici,** with some friends
**ci sono,** there are
**molte spiaggie belle,** many beautiful beaches
**vicino a,** close to
**partiremo presto,** we'll leave early
**andremo,** we'll go
**sulla spiaggia,** on the beach
**mi metterò,** I'll put on
**il costume da bagno,** the swimming suit
**anche,** also
**per camminare,** to walk
**sulla sabbia,** on the sand
**la cuffia,** the swimming cap
**quando nuoterò,** when I'll swim
**ho preparato pollo,** I prepared chicken
**compreremo,** we'll buy
**prenderò il sole,** I'll take a sun bath
**tornerò a casa,** I'll go back home
**abbronzato,** sun burned
**mi piace,** I like
**nuotare,** to swim
**spero,** I hope
**stanco,** tired
**ma contento,** but happy

# UNA GITA AL MARE

**Una bella spiaggia**

È venuta l'estate. Domenica per la prima volta andrò al mare con alcuni amici. Ci sono molte spiaggie belle vicino a Roma.

Partiremo presto e andremo in automobile. Sulla spiaggia mi metterò il costume da bagno  Mi metterò anche i sandali  per camminare sulla spiaggia, e la cuffia quando nuoterò.

Per il pic-nic ho preparato pollo, formaggio, prosciutto, una insalata e sandwiches.

Compreremo frutta e gelato sulla spiaggia.

Sulla spiaggia prenderò il sole e tornerò a casa abbronzato (abbronzata).

Mi piace nuotare e spero di nuotare molto domenica. Tornerò a casa stanco (stanca), ma contento (contenta).

# EVERYDAY EXPRESSIONS

**È aperto.** It's open.
**È chiuso.** It's closed.
**Sa?** Do you know?
**Non so.** I don't know.
**È rotto.** It's broken. It's torn.
**Auguri.** Best wishes. Good Luck.
**Davvero.** Really.
**Dopo.** After, afterward.
**Prima.** Before, first.
**Prima di pranzo.** Before dinner.
**Basta.** That's enough.
**Abbastanza.** Enough.
**A destra.** To the right.
**A sinistra.** To the left.
**A diritto.** Straight ahead.
**Davanti.** In front of.
**Dietro.** Behind.
**Più.** More. Plus.
**Meno.** Less. Minus.
**Più o meno.** More or less.
**Vicino.** Near. Close to.
**Lontano.** Far.
**Perchè.** Because. Why?
**Perciò.** Therefore. So.
**Mentre.** While.
**Nonostante.** Notwithstanding.
**Su.** Up.
**Giù.** Down.
**Presto.** Soon, early.
**Tardi.** Late.

**prendevo,** I used to take
**giocavo,** I used to play
**guidavo,** I used to drive

**andavo,** I used to go
**ogni giorno,** every day
**la spiaggia,** the beach

Prendevo un taxi ogni
giorno.

Giocavo a golf ogni
giorno.

Andavo alla spiaggia
ogni giorno.

Guidavo l'automobile.

**andavo,** I used to go
**andava,** he, she, it used
   to go
**andavamo,** we used to go
**andavano,** they used to go

Andavo al club.
Roberto andava in
   Europa.
Andavamo alla spiaggia.
Andavano in Italia.

Andavano spesso in Italia?
*Did they use to go to Italy often?*
Andava spesso alla spiaggia?
*Did you use to go to the beach often?*

**volevo,** I wanted
**andare,** to go

**giocare,** to play
**comprare,** to buy

Volevo giocare a carte.

Volevo andare al cinema.

Volevo comprare una poltrona.

Volevo comprare un divano.

**volevo,** I wanted
**voleva,** he, she wanted
**volevamo,** we wanted
**volevano,** they wanted

Volevo andare in Italia.
Roberto voleva un caffè.
Volevamo un sandwich.
Volevano spaghetti.

Voleva andare al teatro?
*Did you want to go to the theatre?*
Voleva comprare un divano?
*Did you want to buy a sofa?*
Volevano andare al cinema?
*Did they want to go to the movies?*

**quando ero un ragazzo,** when I was a boy
**andavo a cavallo,** I used to ride horseback
**passavo le vacanze,** I used to spend my vacations
**si divertiva?** did you (use to) have fun? (a good time)
**mi divertivo,** I used to have fun (a good time)
**sempre,** always                    **molto,** very much


Quando ero un ragazzo
(una ragazza) passavo le vacanze
in Italia.
Si divertiva?
Sì, mi divertivo sempre.


Quando ero un ragazzo (una ragazza)
andavo a cavallo.
Si divertiva?
Sì, mi divertivo molto.


Quando ero un ragazzo (una ragazza)
andavo in bicicletta.
Si divertiva?
Sì, mi divertivo molto.

**che cosa ha detto?** what did he (she) say?
**ha detto che,** he (she) said that

**aveva,** he, she had

**parlava,** he, she talked

**era,** it was

**giocava,** he, she played

**andava,** he, she was going

**interessante,** interesting

Che cosa ha detto?
Ha detto che aveva i
  biglietti per il teatro.

Che cosa ha detto?
Ha detto che aveva
  una barca a vela.

Che cosa ha detto?
Ha detto che aveva un'automobile.
Ha detto che parlava italiano.
Ha detto che giocava a golf.
Ha detto che andava in Italia.
Ha detto che andava a Roma.
Ha detto che era interessante.
Ha detto che il film era interessante.
Ha detto che la commedia era bella.
*He (she) said that the play was good.*
Abbiamo detto che andavamo in Italia.
*We said that we were going to Italy.*
Hanno detto che andavano a Roma.
*They said that they were going to Rome.*

List of words in the composition on the next page.

# FIRENZE

**Firenze,** Florence
**quando ero ragazzo,** when I was a boy
**passavo tutte le vacanze,** I used to spend all my
  vacations
**la primavera era,** spring was
**sempre bellissima,** always most beautiful
**c'era,** there was
**una atmosfera deliziosa,** a delightful atmosphere
**c'erano fiori,** there were flowers
**dovunque,** everywhere
**passavo tutti i giorni,** I used to spend every day
**con i miei amici,** with my friends
**andavamo a cavallo,** we rode horseback, we used to
  ride horseback
**giocavamo a tennis,** we used to play tennis
**nuotavamo,** we swam, we used to swim
**la sera,** the night, at night
**andavamo,** we went, we used to go
**davano sempre,** they always gave, used to give
**buonissime commedie,** very good plays
**spesso andavo,** often I went
**i musei,** the museums
**mio padre,** my father
**mi parlava,** used to talk to me
**delle glorie passate,** of the past glories
**degli artisti,** of the artists
**dei fiorentini famosi,** of famous Florentines
**preparava dolci,** used to prepare (make) candy
**a prendere il gelato,** to have ice cream
**o,** or
**il cocomero,** the watermelon

# FIRENZE

Quando ero un ragazzo passavo tutte le vacanze a Firenze. La primavera a Firenze era sempre bellissima. C'era un'atmosfera deliziosa e c'erano fiori dovunque. Passavo tutti i giorni con i miei amici. Andavamo a cavallo, giocavamo

**Andavamo a cavallo**

a tennis, andavamo in bicicletta e nuotavamo.

**Nuotavamo**

**La sera andavamo al teatro o a un concerto.**

**Andavamo al teatro**

Davano sempre buonissime commedie durante la primavera. Spesso andavo a visitare i musei, e mio padre mi parlava sempre delle glorie passate, degli artisti, e dei fiorentini famosi. La mamma preparava dolci deliziosi e spesso andavamo in Piazza Signoria a prendere il gelato o il cocomero.

**Gelato**　　　　　**Il cocomero**

# EVERYDAY EXPRESSIONS

**Ho paura.** I'm frightened. I'm afraid.
**Ho guai.** I have troubles.
**Ho molti guai.** I have a lot of trouble.
**Ho fretta.** I'm in a hurry.
**È stupendo.** It's terrific. (It's stupendous.)
**È meraviglioso.** It's marvelous.
**È magnifico.** It's magnificent.
**È fantastico.** It's fantastic.
**È orribile.** It's horrible.
**È tremendo.** It's horrible. It's awful.
**Un altro.** Another (masculine).
**Un'altra.** Another (feminine).
**Aiuto!** Help!
**Cosa è successo?** What happened?
**Niente.** Nothing.
**Un disastro.** A disaster. A mess.
**Una mancia.** A tip.
**La ringrazio.** I thank you. Thank you.
**Voglio presentarle . . .** I want you to meet . . . (I want to present to you.)
**Come si chiama?** What is your name?
**Come si dice . . .?** How do you say . . .?
**Un poliziotto.** A policeman.
**Un passaporto.** A passport.
**Documenti.** Identification papers.
**Patente.** Driver's licence.
**Il giardino zoologico.** The zoo.

**dove è?** where is?
**il suo,** your (masculine)

**sulla tavola,** on the table
**sulla sedia,** on the chair
**impermeabile,** raincoat

Dove è il mio orologio?
Il suo orologio è sulla
tavola.

Dove è il mio cappello?
Il suo cappello è sulla
sedia.

Dove è il mio
impermeabile?
Il suo impermeabile è
sulla sedia.

Dove è il mio ombrello?
Il suo ombrello è sulla
sedia.

Notice that in Italian you do not say "my hat", "my
watch", but "the my hat", "the my watch", etc.
However the THE is not used before singular family
names.
Examples:

**mio padre,** my father
**mia madre,** my mother

**mio fratello,** my brother
**mia sorella,** my sister

**dove è?** where is?
**la mia,** my (feminine)
**la sua,** your (feminine)

**sulla tavola,** on the table
**in salotto,** in the living
room

**Dove è la mia chiave?**
**La sua chiave è sulla**
**tavola.**

**Dove è la mia borsa?**
**La sua borsa è in**
**salotto.**

**Dove è la mia sciarpa?**
**La sua sciarpa è in**
**salotto.**

**Dove è la mia**
**automobile?**
**La sua automobile è**
**in garage.**

Remember that in Italian you don't say simply MY: you
must say THE MY.

213

**i miei,** (masc. pl.) my
**i suoi,** (masc. pl.) your, his, her
**guanti,** gloves
**occhiali,** eyeglasses

**le mie,** (fem. pl.) my
**le sue,** (fem. pl.) your, his, her
**sulla tavola,** on the table
**in camera,** in the bedroom

**Dove sono i miei guanti?**
**I suoi guanti sono in camera.**

**Dove sono le mie scarpe?**
**Le sue scarpe sono in camera.**

**Dove sono i miei occhiali?**
**I suoi occhiali sono sulla tavola.**

### Venire, to come

**vengo,** I come
**viene,** you come, he, she comes

**veniamo,** we come
**vengono,** they come

Vengo alla festa con i miei fratelli.
*I am coming to the party with my brothers.*
Alberto viene alla festa con le mie sorelle.
*Albert is coming to the party with my sisters.*

| Singular | Plural |
|---|---|
| **Il nostro,** (masc.) our | **i nostri,** (masc.) our |
| **la nostra,** (fem.) our | **le nostre,** (fem.) our |
| **Il loro,** (masc.) their | **i loro,** (masc.) their |
| **la loro,** (fem.) their | **le loro,** (fem.) their |

**GLI** means "the" (plural). It is used before words that begin with a vowel, the letter Z, or the letter S when it is followed by a consonant.

**gli aranci,** the oranges

**gli asparagi,** the asparagus
**gli spaghetti,** the spaghetti

**le piacciono?** do you like? (them)

**mi piacciono,** I like (them)
**che,** who, whom, which, that

Le piacciono gli aranci?
Sì, mi piacciono gli aranci.

Le piacciono gli asparagi?
Sì, mi piacciono gli asparagi.

Le piacciono gli spaghetti?
Sì, mi piacciono gli spaghetti.
Le piacciono gli amici di Roberto?
*Do you like Robert's friends?*
Questi sono gli amici che mi hanno venduto la radio.
*These are the friends who sold me the radio.*
Maria e Roberto sono gli amici che ho veduto ieri.
*Mary and Robert are the friends whom I saw yesterday.*
Questo è il cappello che ho comprato ieri.
*This is the hat that I bought yesterday.*

# APPENDIX

## I PASTI E CIBO (MEALS AND FOOD,

il ristorante, the restaurant
una trattoria, a small restaurant
gelateria, ice cream parlor
il cameriere, the waiter
la cameriera, the waitress
pasto, meal
la colazione, breakfast, lunch
il pranzo, dinner, supper
la cena, supper
la merenda, the snack
burro, butter
sale, salt
pepe, pepper
pane, bread
pane tostato, toast
panini, rolls
caffè, coffee
caffelatte, coffee with milk
marmellata, jam, preserves, marmalade
tovaglia, tablecloth
tovagliolo, napkin
olio, oil
aceto, vinegar
acqua, water
uova, eggs
uova affogate, poached eggs
uova in camicia, poached eggs, (eggs in shift)
uova al tegamino, fried eggs
uova strapazzate, scrambled eggs
frittata, omelet

uova à la coque, soft boiled eggs
uova sode, boiled eggs
sugo d'arancio, orange juice
sugo di pomodoro, tomato juice
sugo d'ananas, pineapple juice
bacon, bacon
pancetta, bacon
prosciutto, ham
miele, honey
minestra, soup
pasta, any kind of noodles
spaghetti, spaghetti
sandwich, sandwich
insalata, salad
carne, meat
pesce, fish
bistecca, beefsteak
pollo, chicken
arrosto, roast
pollo arrosto, roast chicken
vitello arrosto, roast veal
arrosto di maiale, roast pork
arrosto di agnello, roast lamb
roastbeef, roastbeef
arrosto di manzo, roastbeef
stufato, stew
scaloppine, cutlets
cotolette, cutlets, chops
spinaci, spinach
piselli, peas
fagioli, beans
fagiolini, string beans
carote, carrots

sedano, celery
patate, potatoes
pureè di patate, mashed
    potatoes
patate fritte, French fried
    potatoes
asparagi, asparagus
carciofi, artichokes
cavolfiore, cauliflower
lattuga, lettuce
pomodori, tomatoes
cipolle, onions
aglio, garlic
gamberi, shrimps
frutti di mare, sea food
dolce, dessert, cake
torta, pie
gelato, ice cream
biscotti, cookies
caramelle, candy
tè, tea

cioccolata, chocolate
frutta, fruit
macedonia, fruit cup
mela, apple
pera, pear
arancio, orange
mandarino, tangerine
pesca, peach
albicocca, apricot
banana, banana
cigliege, cherries
fragole, strawberries
lamponi, raspberries
susine, plums
ananas, pineapple
limone, lemon
spremuta di limone, fresh
    lemonade
spremuta di arancio, fresh
    orangeade

## II  NELL'ALBERGO (IN THE HOTEL)

portiere, doorman, desk clerk
facchino, porter
cameriera, maid
cameriere, waiter
lavanderia, laundry
la chiave, the key
la posta, the mail
l'ambasciata, the message
il bagaglio, the baggage
la valigia, the suitcase
il baule, the trunk
la cartella, the briefcase

la stanza, the room
una stanza a un letto,
    a single room
una stanza a due letti,
    a double room
una camera, a room
una camera a un letto,
    a single room
una camera a due letti,
    a double room
una camera matrimoniale,
    a double room

una camera con bagno,
  a room with bath
una camera sul davanti,
  an outside room
la camera da pranzo,
  the dining room
la cassa, the cashier
pronto, hello (for phone only)
sapone, soap
sapone, per piacere,
  soap, please
asciugamani, towels
asciugamani, per piacere,
  towels, please
coperta, blanket
un'altra coperta, per piacere,
  another blanket, please
cuscino, pillow
l'ascensore, the elevator
il ragazzo, the bell boy

## III  NEGOZI (IN THE STORES AND SHOPS)

il fornaio, the bakery
il droghiere, the grocery store
il pizzicagnolo, the delicatessen
il lattaio, the dairy
il mercato, the market
il macellaio, the butcher shop
la farmacia, the pharmacy,
  the drug store
il negozio, the store
il sarto, the tailor
la sarta, the seamstress

il calzolaio, the shoe shop
il barbiere, the barber shop
il parrucchiere, the hairdresser
casalinghi, the hardware store
il cartolaio, the stationery store
il tabaccaio, the cigar store,
  tobacconist
la libreria, the bookstore
il tintore, the cleaner
la lavanderia, the laundry

## IV  NUMERI (THE NUMBERS)

0 zero
1 uno
2 due
3 tre
4 quattro
5 cinque
6 sei
7 sette
8 otto
9 nove

10 dieci
11 undici
12 dodici
13 tredici
14 quattordici
15 quindici
16 sedici
17 diciassette
18 diciotto
19 diciannove

| | | | |
|---|---|---|---|
| 20 | venti | 91 | novantuno, etc. |
| 21 | ventuno | 100 | cento |
| 22 | ventidue | 101 | centouno |
| 23 | ventitrè | 102 | centodue |
| 24 | ventiquattro | 103 | centotrè |
| 25 | venticinque | 104 | centoquattro |
| 26 | ventisei | 150 | centocinquanta |
| 27 | ventisette | 175 | centosettanta-cinque |
| 28 | ventotto | 200 | duecento |
| 29 | ventinove | 300 | trecento |
| 30 | trenta | 400 | quattrocento |
| 31 | trentuno | 500 | cinquecento |
| 32 | trentadue, etc. | 600 | seicento |
| 40 | quaranta | 700 | settecento |
| 41 | quarantuno | 800 | ottocento |
| 42 | quarantadue, etc. | 900 | novecento |
| 50 | cinquanta | 1.000 | mille |
| 51 | cinquantuno, etc. | 1.300 | milletrecento |
| 60 | sessanta | 2.000 | duemila |
| 61 | sessantuno, etc. | 3.000 | tremila, etc. |
| 70 | settanta | 50.000 | cinquantamila |
| 71 | settantuno, etc. | 1.000.000 | un milione |
| 80 | ottanta | $2.000.000 | due milioni di dollari |
| 81 | ottantuno, etc. | £2.000.000 | due milioni di lire |
| 90 | novanta | | |

# V  I COMPONENTI LA FAMIGLIA

## (THE MEMBERS OF THE FAMILY)

mio nonno, my grandfather     mia nonna, my grandmother
mio cugino, my cousin (man)     mia cugina, my cousin (woman)
mio suocero, my father-in-law     mia suocera, my mother-in-law
mio zio, my uncle     mia zia, my aunt

| | |
|---|---|
| mio cognato, my brother-in-law | mia cognata, my sister-in-law |
| mio genero, my son-in-law | mia nuora, my daughter-in-law |
| mio nipote, my nephew | mia nipote, my niece |
| mio nipote, my grandson | mia nipote, my granddaughter |
| mio padre, my father | mia madre, my mother |
| mio figlio, my son | mia figlia, my daughter |
| mio marito, my husband | mia moglie, my wife |
| mio fratello, my brother | mia sorella, my sister |
| i miei genitori, my parents | la famiglia, the family |
| i miei parenti, my relatives | |

## VI  I COLORI (THE COLORS)

| | |
|---|---|
| bianco, white | verdé, green |
| nero, black | marrone, brown |
| giallo, yellow | grigio, grey |
| rosso, red | viola, purple |
| blu, blue | rosa, pink |
| azzurro, blue | scozzese, plaid |

## VII  I GIORNI DELLA SETTIMANA
## (THE DAYS OF THE WEEK)

| | |
|---|---|
| domenica, Sunday, on Sunday | giovedì, Thursday, on Thursday |
| lunedì, Monday, on Monday | venerdì, Friday, on Friday |
| martedì, Tuesday, on Tuesday | sabato, Saturday, on Saturday |
| mercoledì, Wednesday, on Wednesday | |

**Vado a una festa sabato,**
    I'm going to a party on Saturday.

## VIII   I MESI DELL'ANNO
## (THE MONTHS OF THE YEAR)

gennaio, January

febbraio, February

marzo, March

aprile, April

maggio, May

giugno, June

luglio, July

agosto, August

settembre, September

ottobre, October

novembre, November

dicembre, December

## IX   LE STAGIONI (THE SEASONS)

inverno, winter

primavera, spring

estate, summer

autunno, fall

## X   PARTI DEL CORPO UMANO
## (PARTS OF THE BODY)

la testa, the head

la faccia, the face

il naso, the nose

gli occhi, the eyes

gli orecchi, the ears

la bocca, the mouth

il mento, the chin

le guancie, the cheeks

la fronte, the forehead

le ciglia, the eyelashes

le sopracciglia, the eyebrows

le palpebre, the eyelids.

I denti, the teeth

la lingua, the tongue

I capelli, the hair

I baffi, the moustache

la barba, the beard

il collo, the neck

la gola, the throat

le spalle, the shoulders

le braccia, the arms

i gomiti, the elbows

il polso, the wrist

la mano, the hand

le mani, the hands

il dito, the finger

le dita, the fingers

le unghie, the fingernails

la schiena, the back

lo stomaco, the stomach

il petto, the chest, the bosom

la vita, the waist

I fianchi, the hips

le gambe, the legs

il ginocchio, the knee

le ginocchia, the knees

la caviglia, the ankle

I piedi, the feet

le dita dei piedi, the toes

# VERB CONJUGATIONS
# AND
# PRONOUNS

●

## REGULAR VERBS ENDING IN "ARE"

### Example: Cantare, to sing

| PRESENT | | EXAMPLE |
|---------|---|---------|

**Remove ARE and add:**

| O | IAMO |
|---|------|
| A | ANO |

Canto, I sing
Canta, you sing, he sings,
       she sings, it sings
Cantiamo, we sing
Cantano, they sing

| PAST | | EXAMPLE |
|------|---|---------|

| HO–ATO | ABBIAMO–ATO |
|--------|-------------|
| HA–ATO | HANNO–ATO |

Ho cantato, I sang
Ha cantato, you sang, he sang,
       she sang, it sang
Abbiamo cantato, we sang
Hanno cantato, they sang
The above verb also means "I
have sung, you have sung", etc.

## FUTURE

Remove ARE and add:

| | |
|---|---|
| ERÒ | EREMO |
| ERÀ | ERANNO |

## EXAMPLE

Canterò, I'll sing
Canterà, you'll sing, he'll sing,
      she'll sing, it'll sing
Canteremo, we'll sing
Canteranno, they'll sing

## IMPERFECT

Remove ARE and add:

| | |
|---|---|
| AVO | AVAMO |
| AVA | AVANO |

## EXAMPLE

Cantavo, I used to sing
Cantava, you used to sing,
      he used to sing,
      she, it used to sing
Cantavamo, we used to sing
Cantavano, they used to sing

## CONDITIONAL

Remove ARE and add:

| | |
|---|---|
| EREI | EREMMO |
| EREBBE | EREBBERO |

## EXAMPLE

Canterei, I would sing
Canterebbe, you would sing, he
      would sing, she, it
      would sing
Canteremmo, we would sing
Canterebbero, they would sing

## PRESENT PROGRESSIVE

| | |
|---|---|
| STO—ANDO | STIAMO—ANDO |
| STA—ANDO | STANNO—ANDO |

## EXAMPLE

Sto cantando, I am singing
Sta cantando, you are singing,
      he, she, it is
      singing
Stiamo cantando, we are
      singing
Stanno cantando, they are
      singing

## PAST PROGRESSIVE

| STAVO–ANDO | STAVAMO–ANDO |
|------------|--------------|
| STAVA–ANDO | STAVANO–ANDO |

### EXAMPLE

**Stavo cantando,** I was singing
**Stava cantando,** you were
singing,
he, she, it was
singing
**Stavamo cantando,** we were
singing
**Stavano cantando,** they were
singing

## PRESENT SUBJUNCTIVE

Remove ARE and add:

| I | IAMO |
|---|------|
| I | INO  |

### EXAMPLE

**Che canti,** that I sing
**Che canti,** that you sing, that
he, she, it sing
**Che cantiamo,** that we sing
**Che cantino,** that they sing

## IMPERFECT SUBJUNCTIVE

Remove ARE and add:

| ASSI | ASSIMO  |
|------|---------|
| ASSE | ASSERO  |

### EXAMPLE

**Che cantassi,** that I would sing
**Che cantasse,** that you would
sing, that he,
she, it would sing
**Che cantassimo,** that we would
sing
**Che cantassero,** that they
would sing

## COMMAND

Remove ARE and add:

|   | IAMO |
|---|------|
| I | INO  |

### EXAMPLE

**Canti,** sing
**Cantiamo,** let's sing
**Cantino,** sing (pl.)

# LIST OF REGULAR VERBS ENDING IN "ARE"

abitare, to live
affittare, to rent
aiutare, to help
ammazzare, to kill
arrivare, to arrive
ascoltare, to listen
aspettare, to wait
baciare, to kiss
ballare, to dance
cambiare, to change
camminare, to walk
cantare, to sing
cercare, to look for
chiamare, to call
cominciare, to begin
comprare, to buy
cucinare, to cook
dare, to give
dimenticare, to forget
domandare, to ask
esportare, to export
firmare, to sign
giocare, to play (a game)
gridare, to scream
guadagnare, to earn
guardare, to look
guidare, to drive
imparare, to learn
importare, to import
insegnare, to teach
invitare, to invite

lasciare, to leave
lavare, to wash
lavorare, to work
lodare, to commend, to praise
mandare, to send
mangiare, to eat
migliorare, to improve
mostrare, to show
nuotare, to swim
occupare, to occupy
parlare, to speak
passare, to pass
pensare, to think
portare, to carry, to bring, to take
preparare, to prepare
presentare, to introduce
provare, to try
ricordare, to remember
ringraziare, to thank
salutare, to greet
sbagliare, to make a mistake
scusare, to excuse
sembrare, to seem
sperare, to hope
stirare, to press
studiare, to study
suonare, to play (an instrument)
trovare, to find
viaggiare, to travel
visitare, to visit

# REGULAR VERBS ENDING IN "ERE"

## Example: **Vendere,** to sell

### PRESENT

Remove ERE and add:

| O | IAMO |
|---|------|
| E | ONO |

### EXAMPLE

**Vendo,** I sell
**Vende,** you sell, he sells, she sells, it sells
**Vendiamo,** we sell
**Vendono,** they sell

### PAST

| HO–UTO | ABBIAMO–UTO |
|--------|-------------|
| HA–UTO | HANNO–UTO |

### EXAMPLE

**Ho venduto,** I sold
**Ha venduto,** you sold, he sold, she sold, it sold
**Abbiamo venduto,** we sold
**Hanno venduto,** they sold
This verb in this tense also means "I have sold, you have sold," etc.

### FUTURE

Remove ERE and add:

| ERÒ | EREMO |
|-----|-------|
| ERÀ | ERANNO |

### EXAMPLE

**Venderò,** I'll sell
**Venderà,** you'll sell, he'll sell, she'll sell, it'll sell
**Venderemo,** we'll sell
**Venderanno,** they'll sell

### IMPERFECT

Remove ERE and add:

| EVO | EVAMO |
|-----|-------|
| EVA | EVANO |

### EXAMPLE

**Vendevo,** I used to sell
**Vendeva,** you used to sell, he, she, it used to sell
**Vendevamo,** we used to sell
**Verdevano,** they used to sell

## CONDITIONAL

**Remove ERE and add:**

| EREI | EREMMO |
|------|--------|
| EREBBE | EREBBERO |

## EXAMPLE

**Venderei**, I would sell
**Venderebbe**, you would sell, he, she, it would sell
**Venderemmo**, we would sell
**Venderebbero**, they would sell

## PRESENT PROGRESSIVE

| STO—ENDO | STIAMO—ENDO |
|----------|-------------|
| STA—ENDO | STANNO—ENDO |

## EXAMPLE

**Sto vendendo**, I am selling
**Sta vendendo**, you are selling, he, she, it is selling
**Stiamo vendendo**, we are selling
**Stanno vendendo**, they are selling

## PAST PROGRESSIVE

| STAVO—ENDO | STAVAMO—ENDO |
|------------|--------------|
| STAVA—ENDO | STAVANO—ENDO |

## EXAMPLE

**Stavo vendendo**, I was selling
**Stava vendendo**, you were selling, he, she, it was selling
**Stavamo vendendo**, we were selling
**Stavano vendendo**, they were selling

## PRESENT SUBJUNCTIVE

**Remove ERE and add:**

| A | IAMO |
|---|------|
| A | ANO |

## EXAMPLE

**Che venda**, that I sell
**Che venda**, that you sell, that he sell, that she sell, that it sell
**Che vendiamo**, that we sell
**Che vendano**, that they sell

## IMPERFECT SUBJUNCTIVE
Remove ERE and add:

|      |         |
|------|---------|
| ESSI | ESSIMO  |
| ESSE | ESSERO  |

### EXAMPLE
**Che vendessi,** that I would sell
**Che vendesse,** that you would
                 sell, that he,
                     she, it would sell
**Che vendessimo,** that we would
                 sell
**Che vendessero,** that they
                 would sell

## COMMAND
Remove ERE and add:

|   | IAMO |
|---|------|
| A | ANO  |

### EXAMPLE
**Venda,** sell
**Vendiamo,** let's sell
**Vendano,** sell (pl.)

## LIST OF REGULAR VERBS ENDING IN "ERE"

**conoscere,** to know
**credere,** to believe, to think
**godere,** to enjoy

**ricevere,** to receive
**vendere,** to sell

## LIST OF VERBS ENDING IN "ERE" WITH IRREGULAR PAST OR IRREGULAR PRESENT

**accendere,** to put on (a light)
**ammettere,** to grant
**appartenere,** to belong
  **appartengo,** I belong
**chiudere,** to close
**correre,** to run
**decidere,** to decide
**discutere,** to discuss
**dividere,** to divide
**dovere,** to have to
  **devo,** I have to, I must

**ho acceso,** I put on (past)
**ho ammesso,** I granted


**ho chiuso,** I closed
**ho corso,** I ran
**ho deciso,** I decided
**ho discusso,** I discussed
**ho diviso,** I divided

| | |
|---|---|
| esprimere, to express | ho espresso, I expressed |
| leggere, to read | ho letto, I read (past) |
| mettere, to put | ho messo, I put (past) |
| muovere, to move | ho mosso, I moved |
| nascere, to be born | sono nato, I was born |
| nascondere, to hide | ho nascosto, I hid |
| ottenere, to obtain | |
|   ottengo, I obtain | |
| perdere, to loose | ho perso, I lost |
| piangere, to cry | ho pianto, I cried |
| potere, to be able | |
|   posso, I am able | |
|       I can | |
| prendere, to take | ho preso, I took |
| promettere, to promise | ho promesso, I promised |
| ridere, to laugh | ho riso, I laughed |
| rompere, to break | ho rotto, I broke |
| scrivere, to write | ho scritto, I wrote |
| sapere, to know | |
|   so, I know | |
| scegliere, to choose | |
|   scelgo, I choose | ho scelto, I chose |
| scendere, to go down | sono sceso, I went down |
| smettere, to stop | ho smesso, I stopped |
| spendere, to spend | ho speso, I spent |
| spengere, to put out (light) | ho spento, I put out (light) |
| tenere, to hold | |
|   tengo, I hold | |
| tradurre, to translate | |
|   traduco, I translate | ho tradotto, I translated |
| volere, to want | |
|   voglio, I want | |
| vincere, to win | ho vinto, I won |
| vivere, to live | ho vissuto, I lived |

# LIST OF VERBS ENDING IN "ARE", "ERE" AND "IRE"
## WITH AN IRREGULAR FUTURE

| | |
|---|---|
| andare, to go | andrò, I'll go |
| avere, to have | avrò, I'll have |
| essere, to be | sarò, I'll be |
| potere, to be able | potrò, I'll be able |
| sapere, to know | saprò, I'll know |
| volere, to want | vorrò, I'll want |
| venire, to come | verrò, I'll come |

## REGULAR VERBS ENDING IN "IRE"
### Example: Dormire, to sleep

### PRESENT

Remove IRE and add:

| O | IAMO |
|---|---|
| E | ONO |

### EXAMPLE

Dormo, I sleep
Dorme, you sleep, he sleeps, she sleeps, it sleeps
Dormiamo, we sleep
Dormono, they sleep

### PAST

| HO–ITO | ABBIAMO–ITO |
|---|---|
| HA–ITO | HANNO–ITO |

### EXAMPLE

Ho dormito, I slept
Ha dormito, you slept, he slept, she slept, it slept
Abbiamo dormito, we slept
Hanno dormito, they slept
This verb in this tense also means "I have slept, you have slept," etc.

### FUTURE

Remove IRE and add:

| IRÒ | IREMO |
|---|---|
| IRÀ | IRANNO |

### EXAMPLE

Dormirò, I'll sleep
Dormirà, you'll sleep, he'll sleep she'll sleep, it'll sleep
Dormiremo, we'll sleep
Dormiranno, they'll sleep

| IMPERFECT | EXAMPLE |
|---|---|

**Remove IRE and add:**

| IVO | IVAMO |
|---|---|
| IVA | IVANO |

Dormivo, I used to sleep
Dormiva, you used to sleep,
  he used to sleep,
  she, it used to sleep
Dormivamo, we used to sleep
Dormivano, they used to sleep

| CONDITIONAL | EXAMPLE |
|---|---|

**Remove IRE and add:**

| IREI | IREMMO |
|---|---|
| IREBBE | IREBBERO |

Dormirei, I would sleep
Dormirebbe, you would sleep,
  he would sleep,
  she, it would sleep
Dormiremmo, we would sleep
Dormirebbero, they would sleep

| PRESENT PROGRESSIVE | EXAMPLE |
|---|---|

| STO–ENDO | STIAMO–ENDO |
|---|---|
| STA–ENDO | STANNO–ENDO |

Sto dormendo, I'm sleeping
Sta dormendo, you are sleeping,
  he is sleeping,
  she, it is sleeping
Stiamo dormendo, we are
  sleeping
Stanno dormendo, they are
  sleeping

| PAST PROGRESSIVE | EXAMPLE |
|---|---|

| STAVO–ENDO | STAVAMO–ENDO |
|---|---|
| STAVA–ENDO | STAVANO–ENDO |

Stavo dormendo, I was sleeping
Stava dormendo, you were
  sleeping, he,
  she, it was
  sleeping
Stavamo dormendo, we were
  sleeping
Stavano dormendo, they were
  sleeping

## PRESENT SUBJUNCTIVE

Remove IRE and add:

| A | IAMO |
|---|------|
| A | ANO |

### EXAMPLE

Che dorma, that I sleep
Che dorma, that you sleep,
        that he, she,
        it sleep
Che dormiamo, that we sleep
Che dormano, that they sleep

## IMPERFECT SUBJUNCTIVE

Remove IRE and add:

| ISSI | ISSIMO |
|------|--------|
| ISSE | ISSERO |

### EXAMPLE

Che dormissi, that I would sleep
Che dormisse, that you would
        sleep, that he,
        she, it would
        sleep
Che dormissimo, that we would
        sleep
Che dormissero, that they
        would sleep.

## COMMAND

Remove IRE and add:

|   | IAMO |
|---|------|
| A | ANO |

### EXAMPLE

Dorma, sleep
Dormiamo, let's sleep
Dormano, sleep (pl.)

## LIST OF REGULAR VERBS ENDING IN "IRE"

divertire, to amuse
dormire, to sleep
cucire, to sew

fuggire, to run away
sentire, to hear, to feel

# LIST OF VERBS ENDING IN "IRE" WITH IRREGULAR PRESENT OR IRREGULAR PAST

| | | |
|---|---|---|
| aprire, to open | | ho aperto, I opened |
| arrossire, to blush | arrossisco, I blush | |
| capire, to understand | capisco, I understand | |
| coprire, to cover | | ho coperto, I covered |
| dire, to say | dico, I say | ho detto, I said |
| finire, to finish | finisco, I finish | |
| morire, to die | muore, he dies | è morto, he died |
| riuscire, to succeed | riesco, I succeed | |
| preferire, to prefer | preferisco, I prefer | |
| offrire, to offer | | ho offerto, I offered |
| proibire, to forbid | proibisco, I forbid | |
| salire, to go up | salgo, I go up | |
| svenire, to faint | svengo, I faint | sono svenuto, I fainted |
| ubbidire, to obey | ubbidisco, I obey | |
| venire, to come | vengo, I come | |
| uscire, to go out | esco, I go out | sono uscito, I went out |

## REFLEXIVE VERBS

Place the following pronouns before the verbs below.

| | | | |
|---|---|---|---|
| myself | MI | CI | ourselves |
| yourself, himself, herself | SI | SI | themselves |

## EXAMPLE

| | | | |
|---|---|---|---|
| I wash myself | MI LAVO | CI LAVIAMO | we wash ourselves |
| you wash yourself | SI LAVA | SI LAVANO | they wash themselves |

Form the past tense of the verbs below with the verbs in the following chart.

| I am | SONO | SIAMO | we are |
|---|---|---|---|
| you are | È | SONO | they are |

## EXAMPLE
### Masculine Form

| I washed myself | MI SONO LAVATO | CI SIAMO LAVATI | we washed ourselves |
|---|---|---|---|
| you washed yourself | SI È LAVATO | SI SONO LAVATI | they washed themselves |

### Feminine Form

| MI SONO LAVATA | CI SIAMO LAVATE |
|---|---|
| SI È LAVATA | SI SONO LAVATE |

**addormentarsi,** to fall asleep
**alzarsi,** to get up
**ammalarsi,** to get sick
**asciugarsi,** to dry yourself
**avvicinarsi,** to get near
**bruciarsi,** to get burned
**coricarsi,** to go to bed
**dimagrarsi,** to get thin
**ferirsi,** to get wounded
**ingrassarsi,** to get fat
**lavarsi,** to wash yourself
**mettersi,** to put on, to wear

**pesarsi,** to weigh yourself
**pettinarsi,** to comb yourself
**prepararsi,** to get ready
**radersi,** to shave
**raffreddarsi,** to get a cold
**riposarsi,** to rest
**sedersi,** to sit down
**spogliarsi,** to undress
**sposarsi,** to get married
**stancarsi,** to get tired
**tagliarsi,** to cut yourself
**vestirsi,** to dress, to get dressed

# PRONOUNS

## SUBJECT PRONOUNS

| | | | |
|---|---|---|---|
| I | IO | NOI | we |
| you | LEI | LORO | they |
| he | EGLI | | |
| she | ELLA | | |

## REFLEXIVE PRONOUNS

| | | | |
|---|---|---|---|
| myself | MI | CI | ourselves |
| yourself | SI | SI | themselves |
| himself | | | |
| herself | | | |

## DIRECT OBJECT PRONOUNS

| | | | |
|---|---|---|---|
| me | MI | CI | us |
| him | LO | LI | them (masculine) |
| her | LA | LE | them (feminine) |

## INDIRECT OBJECT PRONOUNS

| | | | |
|---|---|---|---|
| to me | MI | CI | to us |
| to you | LE | GLI | to them |
| to him | GLI | | |
| to her | LE | | |

## DIRECT AND INDIRECT OBJECT PRONOUNS COMBINED

| | | | |
|---|---|---|---|
| it to me | ME LO | CE LO | it to us |
| it to you, | GLIELO | GLIELO | it to them |
| it to him, | | | |
| it to her | | | |

# Italian-English Vocabulary

## A

abbastanza, enough
abbiamo, we have
abitare, to live in, to inhabit
abbronzata, f. sunburned
abbronzato, m. sunburned
accendere, to light
acceso, lit
accomodarsi, to come in,
    to sit down
  si accomodi, come in, sit down
acqua, f. water
adesso, now
addormentarsi, to fall asleep
aeroplano, m. plane
aeroporto, m. airport
affittare, to rent
agenzia di turismo,
    f. tourist office
agosto, m. August
aiuto! help!
ai, m. to the
albergo, m. hotel
alcuni, m. pl. some
all', m.f. to the
alla, f. to the
alle, pl. f. to the
altra, f. other
altro, m. other
alzarsi, to get up
ammesso, granted
  ho ammesso, I granted
ammettere, to grant

amici, m. friends
amico, m. friend
ammazzare, to kill
anche, also
andato, gone
  sono andato, I went
  è andato, you, he, she went
      did you, he, she go?
andare, to go
andiamo, we go, we are going,
    let's go
andrà, you, he, she will go
andrò, I will go
animale, m. animal
anni, m. years
anno, m. year
aperto, open
appartamento, m. apartment
appartenere, to belong
appartengo, I belong
appuntamento,
    m. appointment, date
appunto, just so
aprile, m. April
aprire, to open
  apro, I open
  apre, you open, he, she opens
arancio, m. orange
arrivato, arrived
arrivare, to arrive,
    to get there
arrivederci, good bye,
    see you again

arrossisco, I blush
arrossire, to blush
arrosto, m. roast
articolo, m. article
artisti, m. artists
asciugarsi, to dry yourself
ascoltare, to listen
aspettare, to wait
assegno, m. check
atmosfera, f. atmosphere
auguri, wishes, good luck
autobus, m. bus
automobile, f. car, automobile
autunno, m. fall
avere, to have
    avrà, you, he, she, it will have
    avrò, I will have
    avremo, we will have
    avranno, they will have
    avuto, had
    ho avuto, I had
avvicinarsi, to get near


# B
baciare, to kiss
ballare, to dance
balletto, m. ballet
ballo, m. dance
bambina, f. baby girl
bambino, m. baby boy
banana, f. banana
banca, f. bank
barbiere, m. barber
barca, f. boat
barca a vela, f. sail boat

basta, that's enough
baule, m. trunk
bauli, m. trunks
bel, m. pretty, lovely
bella, f. pretty, lovely, beautiful
bellezza, f. beauty
bellissima, m. very (most)
    beautiful
bellissimo, m. very (most)
    beautiful
bello, m. pretty, lovely
bene, well
benzina, f. gazoline
biblioteca, f. library
bicchiere, m. glass
    bicchiere d'acqua,
      m. glass of water
bicicletta, f. bicycle
biglietto, m. ticket
bisogno, m. need
    ho bisogno, I need
bistecca, f. beefsteak
blusa, f. blouse
borsa, f. pocket book
bottiglia, f. bottle
bottone, m. button
brutta, f. ugly
brutto, m. ugly
buffa, f. funny
buffo, m. funny
buona, f. good
buono, m. good
buongiorno, good morning,
    good afternoon
burro, m. butter
bruciarsi, to get burned

# C

cadere, to fall
caffè, m. coffee
caldo, m. hot
cambiare, to change
camminare, to walk
camera, f. room
cameriere, m. waiter
camicia, f. shirt
campagna, f. country
calze, f. stockings
calzini, m. socks
canarino, m. canary
cane, m. dog
cantare, to sing
capire, to understand
capisco, I understand
cappello, m. hat
caraffa, f. pitcher
carciofo, m. artichoke
carne, f. meat
carota, f. carrot
carte, f. cards
   giocare a carte,
     to play cards
cartella, f. briefcase
cartolina, f. postcard
casa, f. house
cattiva, f. bad
cattivo, m. bad
cavallo, m. horse
cavolo, m. cabbage
c'è, there is, is there?
cena, f. dinner, supper
centro, m. center of town,
   downtown

cercare, to look for, to search
certamente, certainly, of course
certo, certainly, of course
che, what, that, whom, which
chi, who
   chi è? who is it?
chiamare, to call
   come si chiama?
     what is your name?
     what is its, his,
     her name?
chiesa, f. church
chitarra, f. guitar
chiuso, closed
ci, to us
ci, there
ci sono, there are
ciliege, f. cherries
cinema, m. movies
cinque, five
cintura, f. belt
cioccolata, f. chocolate
cipolle, f. onions
circo, m. circus
città, f. city
club, m. club
cocomero, m. watermelon
coltello, m. knife
come, how
commedia, f. comedy, play
cominciare, to begin, to start
compra, you buy, he, she buys
   do you buy?
   does he, she buy?
comprare, to buy

compro, I buy
ho comprato, I bought
ha comprato, you bought,
he, she bought
con, with
concerto, m. concert
conoscere, to know
contenta, f. happy
contento, m. happy
conto, m. check, bill
coperto, covered
ho coperto, I covered
coprire, to cover
coricarsi, to go to bed
correre, to run •
ho corso, I ran •
corse, f. races
cosa, f. thing
così, così, so so
costare, to cost
quanto costa? How much does
it cost?
costume da bagno,
m. swimming suit
cravatta, f. necktie
credere, to think, to believe
credo di sì, I think so
credo di no, I don't think so
cucchiaino, m. tea spoon
(little spoon)
cucchiaio, m. spoon
cucina, f. kitchen
cucinare, to cook
cucire, to sew
cuffia, f. swimming cap

**D**

d'accordo, I agree
danaro, m. money
dare, to give
davanti, in front
davvero, really
decidere, to decide
deciso, decided
ho deciso, I decided
del, m. of the
delizioso, m. delicious,
delightful
deliziosa, f. delicious,
delightful
della, f. of the
dentista, m. dentist
descritto, described
ho descritto, I described
descrivere, to describe
destra, f. right
a destra, to the right
detto, said
che cosa ha detto?
what did you say?
ha detto che, you, he,
she said that
deve, you must, he, she, it must
must you, he, she, it?
devo, I must
di, of
dicembre, m. december
dieci, ten
dietro, behind
dimagrarsi, to get thin
dimenticare, to forget

**dipende,** it depends
**dire,** to say
  **come si dice?**
    how do you say?
  **cosa vuol dire?**
    what does-it mean?
**dico,** I say
**disastro,** m. disaster, mess
**disco,** m. record
**dispiacersi,** to be sorry
  **mi dispiace,** I am sorry
**divano,** m. sofa
**diventare,** to become
**divertire,** to amuse
**divertirsi,** to amuse yourself,
        to have a good time
**dodici,** twelve
**dolce,** m. cake, candy
**domandare,** to ask
**domani,** tomorrow
**domenica,** f. Sunday
**donne,** f. women
**dopo,** after
**dormire,** to sleep
**dorme,** you sleep, he, she sleeps
**dormo,** I sleep
**dottore,** m. doctor
**dove,** where
**dovere,** to have to
**dovrà,** he, she, it will have to
**dovrò,** I will have to
**dovunque,** all over, everywhere
**due,** two
**durante,** during

# E

**e,** and
**è,** he, she, it·is
  you are
  is he, she, it?
  are you?
**elefante,** m. elephant
**elegante,** m.f. elegant
**eleganti,** m.f. elegant (pl.)
**empire,** to fill
**entrare,** to enter
**entrato,** entered, gone in
  **sono entrato,** I went in
**elicottero,** m. helicopter
**entusiasmo,** m. enthusiasm
**era,** you were, he, she, it was
**ero,** I was
**esco,** I go out
**esportare,** to export
**estate,** f. summer

# F

**fa,** ago
**fa,** you do, do you?
  he, she, it does, does he,
  she, it do?
  you make, do you make?
  he, she, it, makes, does he,
  she, it, make?
  **che cosa fa?** what do you do?
**fabbrica,** f. factory
**facchino,** m. porter
**fagioli,** m. beans
**fagiolini,** m. string beans
**fame,** f. hunger
  **ho fame,** I am hungry

fantastico, m. fantastic
è fantastico, it's fantastic
farmacia, f. drugstore
fatto, made, done
che cosa ha fatto?
what did you do?
favore, m. favor
per favore, please
febbraio, m. February
ferirsi, to get wounded
festa, f. party
famosa, f. famous
fiammifero, m. match
finestra, f. window
finire, to finish
finisco, I finish
fiore, m. flower
fiorentini, m. Florentines
firmare, to sign
fonografo, m. phonograph
fontana, f. fountain
forbici, f. scissors
forchetta, f. fork
formaggio, m. cheese
forno, m. oven
forse, perhaps
fortuna, f. fortune, luck
per fortuna, fortunately
fragole, f. strawberries
freddo, m. cold
fresco, m. cool
fretta, f. hurry
ho fretta, I am in a hurry
frigorifero, m. refrigerator
frutta, f. fruit

fuggire, to run away
fungo, m. mushroom

G

garage, m. garage
gatto, m. cat
gelato, m. ice cream
gennaio, m. January
gente, f. people
geranio, m. geranium
già, already
giacca, f. jacket
giardino, m. garden
giardino zoologico, m. zoo
giocare, to play (a game)
giornale, m. newspaper
giorno, m. day
ogni giorno, every day
giovedì, m. Thursday
giù, down
giugno, m. June
gli, m. pl. the
to him, to them
glorie, f. glories
godere, to enjoy
gonna, f. skirt
golf, m. golf
grande, m. f. big
grazie, thank you
gridare, to scream
guadagnare, to earn
guai, m. troubles
guanti, m. gloves
guardare, to look
guidare, to drive

# H

**ha,** you have, he, she, it has
   do you, does he, she,
   it have?
**hotel,** m. hotel
**ho,** I have

# I

**i,** m. pl. the
**ieri,** yesterday
**il,** m. the
**illuminati,** illuminated
**imparare,** to learn
**importare,** to import
**importare,** to matter
  **non importa,** it does not
    matter
  **non m'importa,** it does not
    matter to me
**in,** in
**inglese,** m.f. English
**ingrassarsi,** to get fat
**insalata,** f. salad
**insegnare,** to teach
**interessante,**
    m.f. interesting
**inteso,** agreed
**invece,** instead
**inverno,** m. winter
**invitare,** to invite

# L

**l',** m.f. the
**la,** her, it (direct object)
**la,** f. the
**lago,** m. lake

**lasciare,** to leave (something)
**latte,** m. milk
**lattuga,** f. lettuce
**lavare,** to wash
**lavarsi,** to wash yourself
**lavorare,** to work
**leggere,** to read
**le,** f. pl. the
**le,** f. them (direct object)
**le,** to her
**lei,** you, she
**leone,** m. lion
**lentamente,** slowly
**lettera,** f. letter
**letto,** m. bed
**letto,** read (past participle)
  **ho letto,** I read
**lezione,** f. lesson
**li,** m. pl. them (direct object)
**libreria,** f. bookstore
**libro,** m. book
**lista,** f. list
**lo,** m. the
**lo,** m. it, him (direct object)
**lodare,** to commend, to praise
**lontano,** far
**loro,** they, them, to them
**luglio,** m. July
**lunedì,** m. Monday

# M

**macchina,** f. machine,
    typewriter, car
**madre,** f. mother
**maggio,** m. May
**magnifico,** m. magnificent

è magnifico, it's magnificent
mai, never
mal di testa, m. headache
malata, f. sick, ill
malato, m. sick, ill
male, not well
mamma, f. mother
mangiare, to eat
mancia, f. tip
mandare, to send
mantello, m. coat
mantenere, to support
mare, m. seashore, sea
margherita, f. daisy
martedì, m. Tuesday
marzo, m. March
matita, f. pencil
me, me
meglio, better
mela, f. apple
meno, less, minus
mentre, while
menu, m. menu
meraviglioso, m. marvelous
è meraviglioso, it's marvelous
mercato, m. market
mercoledì, m. Wednesday
mese, m. month
messo, put
ho messo, I put
mettersi, to wear, to put on
si metterà? will you wear?
mi metterò, I'll wear
mezzo, half
mi, to me
mio, m. my, mine

mia, f. my, mine
miei, m. pl. my, mine
mie, f. pl. my, mine
migliorare, to improve
minestra, f. soup
moltissimo, m. very much
moltissima, f. very much
moltissimi, m. very many
moltissime, f. very many
molto, much, very much, a lot
montagna, f. mountain
monte, m. mountain
morire, to die
morto, dead
mostrare, to show
mulo, m. mule
museo, m. museum
musica, f. music

N

nascere, to be born
nascondere, to hide
nascosto, hidden
ho nascosto, I hid
nato, born
sono nato, I was born
naturalmente, naturally
negozio, m. store
negozi, m. stores
nel, m. in the
nell', m.f. in the
nella, f. in the
neve, f. snow
nevica, it snows
niente, nothing
no, no

non, not
nonostante, notwithstanding
notte, f. night
  di notte, at night
nove, nine
novembre, m. November
nuotare, to swim

# O

occhiali, m. eyeglasses
occupare, to occupy
occupata, f. busy
occupato, m. busy
offrire, to offer
  ho offerto, I offered
oggi, today
ogni, every
ombrello, m. umbrella
opera, f. opera
ora, f. hour
  a che ora? at what time?
  che ora è? what time is it?
organo, m. organ
orologio, m. watch
orribile, m. f. horrible
  è orribile, it's horrible
orrore, m. horror
  che orrore! How horrible!
ospedale, m. hospital
ottenere, to obtain
  ottengo, I obtain
ottime, f. pl. very good
ottimi, m. pl. very good
otto, eight
ottobre, m. October

# P

pacco, m. package
padre, m. father
pagare, to pay
pagliaccio, m. clown
paio, m. pair
palazzo, m. building
pane, m. bread
panorama, m. view
pantaloni, m. trousers
parchi, m. parks
parco, m. park
parlare, to talk, to speak
parrucchiere, m. hairdresser
partire, to leave
  a che ora parte?
    at what time do you leave?
    does he, she, it leave?
partito, left
  sono partito, I left
passaporto, m. passport
passare, to pass
passata, f. past
passato, m. past
patata, f. potato
patente, f. car license
paura, f. fear
  ho paura, I am afraid
peggio, worse
penna, f. pen
pensione, f. boarding house
pepe, m. pepper
per, for, through
per favore, please
pera, f. pear
perchè, because, why?

**perciò**, therefore, so
**perdere**, to lose
  **ho perso**, I lost
**permesso**, m. permission
**permesso?** may I come in?
**pesarsi**, to weigh yourself
**pesca**, f. peach
**pesce**, m. fish
**pettinarsi**, to comb yourself
**piacere**, pleasure, pleased to
    meet you
  **con piacere**, with pleasure
**piacere**, to like
  **mi piace**, I like (it)
  **le piace?** do you like? (it)
  **mi piacciono**, I like (them)
  **le piacciono?** do you like
    (them?)
  **mi piacerebbe**, I would like
    (it)
  **le piacerebbe?** would you
    like? (it)
  **mi piacerebbero**, I would like
    (them)
  **le piacciono?** do you like
    like? (them)
**piangere**, to cry
  **ho pianto**, I cried
**piano**, m. piano
**piatti**, m. dishes, plates
**piattino**, m. saucer (small dish)
**piatto**, m. dish, plate
**piazza**, f. square
**piccioni**, m. pigeons
**piccola**, f. little, small
**piccolo**, m. little, small

**piove**, it rains
**piovere**, to rain
**pipa**, f. pipe
**piroscafo**, m. ship
**piscina**, f. swimming pool
**piselli**, m. peas
**più**, more, plus
**più o meno**, more or less
**pizza**, f. pizza
**poca**, f. little
**poco**, m. little
  **poco tempo fa**,
    a short time ago
**poesia**, f. poem
**poliziotto**, m. policeman
**pollo**, m. chicken
**poltrona**, f. armchair
**pomodoro**, m. tomato
**porta**, f. door
**portafoglio**, m. wallet
**portare**, to carry, to bring,
    to take
**portato**, carried, taken
  **ho portato**, I carried, I took
**posso**, I can
**posto**, m. place, seat
**potere**, to be able
**potrò**, I'll be able
**potrà**, you, he, she, it'll be able
**preferire**, to prefer
**preferisco**, I prefer
**prego**, you are welcome
**prendere**, to take, to have
    (food)
**preparare**, to prepare
  **ho preparato**, I prepared

prepararsi, to get ready
presentare, to introduce
preso, taken
  ho preso, I took
presto, soon, early
prima, before
  prima di pranzo, before dinner
prima, f. first
primavera, f. spring
primo, m. first
principale, m.f. principal
professore, m. professor
programma, m. program
proibire, to forbid
  proibisco, I forbid
promettere, to promise
  ho promesso, I promised
pronta, f. ready
pronto, m. ready
prosciutto, m. ham
provare, to try
pulita, f. clean
pulito, m. clean
può, you can, can you?
    he, she, it can, can he,
    she, it?
    you may
    he, she, it may, may he,
    she, it?

## Q

qualche, some
quando, when
quanti, how many
quanto, how much

quarto, fourth
  un quarto, a quarter
    (of an hour)
quattro, four
quella, f. that
quello, m. that
questa, f. this
questo, m. this
quindici, fifteen

## R

radersi, to shave
radio, f. radio
raffreddarsi, to get cold
raffreddore, m. a cold
ragazze, f. girls
ragazzi, m. boys
ragione, f. reason
  ha ragione, you are right
             he, she, it is right
rapidamente, fast
regalo, m. gift
restare, to stay
restato, stayed (man)
restata, stayed (woman)
restati, stayed (men)
restate, stayed (women)
ricevere, to receive
ricordare, to remember
ricordi, m. souvenirs
ridere, to laugh
ride? do you laugh?
rido, I laugh
  ho riso, I laughed

rimanere, to remain
   sono rimasto, I remained
ringraziare, to thank
   la ringrazio, thank you
riposarsi, to rest
riso, m. rice
rispondere, to answer
   ho risposto, I answered
ristorante, m. restaurant
riuscire, to succeed
   riesco, I succeed
rivista, f. magazine
romani, m. Romans
romanzo, m. novel
rompere, to break
   ho rotto, I broke
rosa, f. rose
rosso, m. red
rotto, broken, torn
rovine, f. ruins


**S**

sa? do you know?
   so, I know
   non so, I don't know
   non sa, he, she does not know
sabato, m. Saturday
sale, m. salt
salgo, I go up
salire, to go up
salito, gone up
   sono salito, I went up
salotto, m. living room

salutare, to greet
sandali, m. sandals
sapone, m. soap
sarà, he, she, it will be
   sarò, I will be
   saremo, we will be
   saranno, they will be
sardina, f. sardine
sbagliare, to make a mistake
scale, f. stairs
scarpe, f. shoes
scendere, to go down
   sono sceso, I went down
sciarpa, f. scarf
scimmia, f. monkey
scrivere, to write
   scritto, written
   ho scritto, I wrote
scusare, to excuse
   scusi, excuse me
sedano, m. celery
sedersi, to sit down
sedia, f. chair
seduti, m. pl. seated
sei, six
sembrare, to seem
   mi sembra, it seems to me
   le sembra, it seems to you
       it seems to her
   gli sembra, it seems to him
sempre, always
sentire, to hear, to feel
senza, without
sera, f. evening
   buonasera, good evening
serpente, m. snake

sete, f. thirst
  ho sete, I'm thirsty
sette, seven
settembre, m. September
settimana, f. week
sì, yes
siamo, we are
sicuro, sure, surely
sigaretta, f. cigarette
signorina, f. miss
sinistra, f. left
  a sinistra, to the left
smettere, to stop
  ho smesso, I stopped
so, I know
sola, f. alone
soldi, m. pl. money
sole, m. sun
solo, m. alone
sono, I am, they are
sottoveste, f. slip
spendere, to spend
  ho speso, I spent
spengere, to put out (a light)
  ho spento, I put out (past)
sperare, to hope
  spero di sì, I hope so
  spero di no, I hope not
spesso, often
spiaggia, f. beach
spinaci, m. pl. spinach
spogliarsi, to undress
sporca, f. dirty
sporco, m. dirty
sposarsi, to get married
sta, you stay, he, she, it stays

come sta? how are you?
          how is he, she, it?
stamani, this morning
stanca, f. tired
stancarsi, to get tired
  mi stanco, I get tired
stanco, m. tired
stanno, they are, they stay
stasera, to night
stato, been, stayed
  sono stato, I was, I have been
stazione, f. station
stazione di servizio f.
    gasoline station
stelle, f. stars
stiamo, we are, we stay
stirare, to press
straordinaria, f. extraordinary
straordinario, m. extraordinary
studiare, to study
stupendo, m. terrific,
    stupendous
  è stupendo, it's terrific
su, up
sua, f. your, his, her
    yours, his, hers
successo, happened
  cosa è successo?
    what happened?
successo, m. success
suo, m. your, his, her
    yours, his, hers
sul, m. on the
sulla, f. on the
svengo, I faint
svenire, to faint

251

## T

**tacchino,** m. turkey
**tagliarsi,** to cut yourself
**tanto,** so, so much
**tardi,** late
**tassì,** m. taxi
**tavola,** f. table
**tavolini,** m. small tables
**tazza,** f. cup
**tazzina,** f. little cup, demitasse cup
**taxi,** m. taxi
**tè,** m. tea
**teatro,** m. theater
**telefono,** m. telephone
**tempo,** m. time, weather
**televisione,** f. television
**tenere,** to hold, to keep
**tengo,** I hold
**terrazza,** f. terrace
**tigre,** f. tiger
**tira vento,** it's windy
**topo,** m. mouse
**tornare,** to return, to come back
**tornato,** returned
  **sono tornato,** I returned (man)
  **sono tornata,** I returned (woman)
**torto,** m. wrong
  **ha torto,** he, she is wrong
**tovaglia,** f. tablecloth
**tovagliolo,** m. napkin
**tradotto,** translated
  **ho tradotto,** I translated
**traduco,** I translate
**tradurre,** to translate

**tre,** three
**treno,** m. train
**triste,** m.f. sad
**trovare,** to find
**tulipano,** m. tulip
**turista,** m.f. tourist
**tutta,** f. all, whole
**tutto,** m. all, whole
**tutto,** everything

## U

**ubbidisco,** I obey
**ubbidire,** to obey
**ufficio,** m. office
**un,** m. a, an
**una,** f. a, an
**undici,** eleven
**università,** f. university
**uno,** m. one, a
**uomini,** m. men
**uomo,** m. man
**uscire,** to go out
**uscito,** gone out
  **sono uscito,** I went out
  **esco,** I go out

## V

**va,** you go, he, she, it goes you are going, he, she, it is going, do you go? does he, she, it go? are you going? is he, she, it going?
**va bene,** it's OK
**vacanze,** f. vacations
**vacca,** f. cow
**vado,** I go, I am going
**valigia,** f. suitcase

vaso, m. vase
vassoio, m. tray
vedere, to see
  vedo, I see
  vede, you see, he, she, it sees
  vedrò, I'll see
  vedrà, you'll see
      he, she, it will see
  vedremo, we'll see
  vedranno, they'll see
veduto, seen
  ho veduto, I saw
vendere, to sell
venerdì, m. Friday
vengo, I come
venire, to come
vento, m. wind
  tira vento, it's windy
venuto, come (past participle)
  sono venuto, I came
veramente, really
verdura, f. vegetable,
  vegetables
verrò, I'll come
  verrà, you, he, she, it'll come
  verremo, we'll come
  verranno, they'll come
vestirsi, to dress
vestaglia, f. robe (bath robe)
vestito, m. dress, suit
vestito da sera, m. evening gown
via, away

via, f. street
viaggiare, to travel
vicino, near, close to
viene, you come, he, she comes
vincere, to win
  ho vinto, I won
violetta, f. violet
violino, m. violin
visione, f. view, vision
visitano, they visit
visitare, to visit
visite, f. visitors, company
visto, seen
vogliamo, we want
voglio, I want
voglio bene, I love
vogliono, they want, do they
  want?
vivere, to live
  ho vissuto, I lived
volere, to want
volta, f. time
  una volta, one time, once
vuole, you want, he, she wants
  do you want? does he,
  she want?

# Z

zia, f. aunt
zio, m. uncle
zucchero, m. sugar

# INDEX